理解我们
内在的冰山

李崇建 著

万卷出版有限责任公司
VOLUMES PUBLISHING COMPANY

果麦文化 出品

内在宁静的旅程

我三十二岁那年，受程延平校长之聘到山中学校教书，这个决定成为我生命的重要转折。在那之前我的人生很荒芜，谈不上有目标，理想离我甚为遥远。我断断续续做过很多工作，如泥水匠、货柜搬运工、工厂作业员、餐厅服务员、酒店服务生，还经历过一段失业时光，不仅日子过得艰难，与亲人的关系糟糕，而且内心常感浮躁、气闷、愤怒与无奈。

上山教书是个巧合。某日偶然瞥见报纸上刊登的招聘启事，于是动了心念，前去应聘。当时学校无人应聘，我并无教育资历，以素人身份被顺利录取，现在回想真是不可思议。山中学校几无校规，自由得几近放任。但教师不准责骂孩子，遇到孩子不肯进教室，或产生情绪冲突，师生间的互动就成了学问。

我生长于破碎的家庭，父亲虽对我关爱有加，亦不免责骂教训，因此我脾气孤僻不群，甚少参加互动或学习。只是因为教师职务，我欲学习与孩子沟通，受张瑶华老师推荐，报名萨提亚模式讲座，进而与张天安老师同伴，一同受教于约翰·贝曼（Dr. John Banmen），这也成了我人生的转折点。

约翰·贝曼熟稔冰山对话。我初探萨提亚模式，便对冰山理论惊为天人，自此埋首学习。我不仅将冰山理论运用于自我探索，也运用于与孩子对话，以及与家长、同事、父母、手足的沟通，都获得了和谐的结果。懂得探索和应对情绪之后，我的内在和谐宁静了，甚至肩颈僵硬、偏头痛与胸闷症状都不复出现，那是一个不可思议的历程。

此后，我深入冰山理论的学习，并且以此为基础，涉猎不同书籍信息，导入生活与教育现场，并到大陆地区和新加坡、马来西亚等多地讲座，陆续举办多场工作坊，每一段时间都觉得更有所得。尤其近四年来，我认识张辉诚老师，他在现场教学中影响了更多教师，我被其教学热情感染，感觉自己对于冰山理论的运用更深化了，也有更多个人心得能分享。

我不断讲述冰山理论，至今已经十七年了，在此过程中，感受到想要精进的教师与父母正在逐年增加，他们想要改变自己，进而改变孩子。我通过一场场讲座，以及工作坊的培训，遇见认真的学习者，也看见不少人的改变。因此我很想写一本书，介绍冰山对话的运用。得亲子天下出版社大力配合[1]，诸多编辑伙伴如好友陪伴，让本书得以顺利完成。

此书的呈现，正是以上所有幸运旅程中最美的注脚。也感谢协助此书诞生的伙伴，以及允许我在这本书中讲述他们生命故事的人，他们给了我最多的接纳，丰润了我人生的旅途。

李崇建

1　本书版权引进自中国台湾，原名为《萨提尔的对话练习》，2017 年由亲子天下出版社初版，2021 年推出十万册纪念版。

目 录

楔子

萨提亚的冰山模式，不仅能用来与他人沟通，
也能用来与自己沟通。
通过探索内在的冰山，更了解自己也了解他人，
让人与人拥有更好的沟通，
彼此的生命都更有力量，更好地应对生活。

"泰坦尼克号"，一艘巨大的邮轮，于1912年首航时碰撞冰山，因而沉没于海底，死亡人数超过一千五百人，是二十世纪最大的船难。这场历史性的船难被导演詹姆斯·卡梅隆拍成电影，获得票房上的巨大成功。

　　将船难融合隽永爱情，那是导演讲故事的能力。故事可以用各种方式来讲，即使故事的结局相同，不同的叙说方式会给人带来不同的影响，甚至相同的叙说对每个人影响也不同。因为每个人都是一座冰山，故事撞击冰山，会带来各种可能。

　　至于"泰坦尼克号"为何撞上冰山，专家也无定论。历来有不少说法流传，但真相已经随着"泰坦尼克号"沉没了。即使"泰坦尼克号"上所有人都活着，也未必知道真相为何。也许该问的是：从"泰坦尼克号"撞冰山的事件抽出蛛丝马迹，归纳结论，我想得到什么结果？这对我有什么影响？

　　探究一个历史事件的真相，或者一出戏剧的结局，只是为了满足好奇心。

　　若是发生在自己身上的事件呢？或者对于亲友诉说的事件，

一般人会如何诠释呢？这些诠释是否有益？人们透过表面上的事件会诠释出什么样的内容？这对于人生有意义、有帮助吗？能使彼此成长吗？

上述一连串的疑问，是本书阐述的主题。对于一个表面上的事件，比如孩子总是打游戏、功课多得写不完、两兄弟总是吵架、你说了不该说的话、自己或孩子为一件事生气很久……该如何诠释？这些诠释会对彼此造成什么影响？诠释之后是否感到更有力量？如何才能理解潜藏在水面下的冰山？

而探究明白这一切，才不会让彼此陷入灾难的旋涡。

隐喻式的冰山

本书要介绍的沟通方式，是萨提亚的冰山模式。冰山模式不仅能用来与他人沟通，也能用来与自己沟通。透过对冰山的探索，可以更了解自己，也更了解他人，让人与人拥有更好的沟通，彼此的生命都更有力量，更好地应对生活。

人们常从冰山一角切入，顺着既定的思维诠释问题，经年累月受苦，而不能觉察。透过对冰山的探索，能重新理解自己与他人，重新选择适合的应对方式。

即使不知道"泰坦尼克号"为何撞上冰山，但是我们都知道冰山的结构——浮在水面上的仅仅是一小部分，绝大部分潜藏于水面之下。

冰山是一种隐喻。我学习的萨提亚模式，将人隐喻为一座冰山，因此发展成一套冰山理论。若要介绍冰山理论，需要由简至繁详尽解释。在下一章诠释冰山模式之前，先来看一则非常有名的故事。

只看到表象的危险故事

一对男女结婚了，妈妈生下小孩，却因难产而死。

爸爸伤心之余，日子仍要过下去。所幸孩子存活了，身边还有一条狗为伴，狗儿忠心耿耿，而且善解人意。

一天，男人出门赶集，遇上大雪封路，当日无法回家。第二天雪停了，男人心里记挂着孩子，好不容易赶回了家。

男人拖着疲惫的身躯，还未进家门呢，狗儿已经出门迎接主人。

男人赶忙将房门推开，发现屋中一片狼藉，孩子竟然不见了。屋内到处是血，孩子睡觉的床上也满是血。男人再回头看狗儿，狗儿满口也都是血！

男人一时愤怒惊恐至极：狗儿竟然会兽性大发，咬死小主人，甚至把他吃了？

男人看见屋里的一把斧头，拿起来便朝狗劈落，狗儿立刻被劈死。男人看着手上的斧头，看着一片狼藉的屋子，看着倒地的狗儿，心里也凌乱不堪。就在这时，男人听见床下传来孩子的哭声，随后孩子爬了出来。男人一把抱起孩子，看见孩子身上有血迹，但未受到任何伤害。

男人感到非常诧异，究竟是怎么一回事呢？

男人仔细察看狗的身体，这才发现狗儿右腿被扯下一块肉，正淌着血呢！但是他刚刚太慌乱，并没有看见。

男人再次环顾屋子，发现屋子角落躺着一只狼，那只狼已经气绝多时，狼嘴里还叼着从狗腿上扯下的肉。男人这时才拼凑出真相：原来狗儿救了小主人，虽然负伤仍奋力将狼击杀。正当狗儿迎接主人返家，却被莽撞的男人误杀。

凌乱的屋子，狗儿满口是血——这是冰山一角，需要仔细审视，才能一窥冰山全貌。

我以这个小故事诠释冰山模式，不过是举个最简单的例子，不能完整解说何谓冰山模式。冰山的隐喻就像一座美丽的森林，男人与狗的故事只是个简单的诠释，只是在事件上着墨。若从行为往下看，还有一个人的感受、期待、观点、渴望……其实，人的各个层次，也都有可能只是冰山一角，因为人的观点、感受也会有局限。如何能更全面地探索一个人的冰山，甚至统合一个人的冰山？冰山的完整性正是它美丽的原因，接下来的章节，我再一一说明。

第一章
远方——初见冰山

停顿是一种隐形的力量，
有助于彼此觉察，也有助于更深刻的体验。
在我停顿的当下，全场都安静了，
仿佛整个世界也静止了。

读者听到"冰山"一词，最先联想到的大概是"泰坦尼克号"的悲剧吧。不熟悉萨提亚的读者可能不容易想象什么是冰山模式。在此，我先以渐进的方式，介绍冰山模式的运用。

以下我列举两段对话，展现冰山一角如何被撬开，如何以更深邃、宽广的视野看待世界，如何简单有效地将冰山理论运用于生活。

生活中的冰山对话

熙来攘往的市场上，摊主忙着生意，顾客挑选各式蔬果鱼肉，乃是日常生活的一幕。现今的社会，人们都跑到卖场、超市与网络上购物，年轻人不喜欢潮湿杂乱的市场，但是传统市场自有其韵味。

我喜欢传统市场，偶尔去市场买菜，是一种生活的乐趣。

一个小摊吸引了我，贩卖银丝糖的小摊如今很少见了。银丝糖甜美可口，师傅将麦芽糖切成长条，再撒上一层花生粉，我童年时曾为此物着迷。

摊贩前有一个三岁左右的男孩，也许尝过银丝糖的滋味，刚刚才见他引颈企盼、欢乐开心的神情，没想到下一秒却哭了起来。发生什么事了呢？

男孩手上拿着银丝糖，哇哇大哭。妈妈不懂孩子这是怎么了。

父母都有类似的经验：孩子的情绪一瞬间就转换了，有时候大人根本不知道原因，常常手足无措，最后发一顿脾气，或者置之不理。

人潮来来往往，没有人想关心这寻常小事：一个着急的妈妈，还有一个哭泣的孩子。

妈妈一番好意给他买糖，却成了这番局面，真是让母亲郁闷。安慰了一阵子，还不见孩子平静，一股火气立时升上来，妈妈不耐烦地骂："你不是说想吃吗？现在又不要吃了，不吃就不要吃啦……"

妈妈将银丝糖抢走了。孩子的哭声有点儿急促，夹杂着吼声："我要吃！"

妈妈很生气地说："这样也不要！那样也不要！你到底要怎么样……"

摊位上制糖的师傅一边利落地切糖，一边以说教的口吻对男孩说："弟弟要乖喔！小孩子要听话……"

男孩哭得更急了，还气得跺了好几次脚。

妈妈很无奈，在旁边对着孩子吼："你这么难伺候，要是再闹下去，妈妈就不理你了……"

我正在一旁犹豫着要不要买一份银丝糖来回味孩提时的甜蜜，未料遇见这一幕。男孩哭泣的样貌勾起我童年的记忆，关于大人的不理解，以及我不懂表达自己情绪的状态。我向无奈的妈妈递去一个关怀的眼神，然后在男孩跟前蹲下。

我专注地看着男孩，停顿五秒左右，握着他的手，感觉他能接收到我的关心。他的哭声渐渐转为抽噎。我缓缓地问他："弟弟呀，你还好吗？"

男孩被我一问，眼泪再次汹涌而出，但这次的哭声不是愤怒，而是委屈。

我停顿了一下，再缓缓地问他："你看起来很难过，也很着急，是吗？"

男孩哭声收敛，对着我点点头。

我和气地问："发生什么事啦？"

孩子指着小摊上的糖，说："我要吃糖糖。"

我指着妈妈手上的糖："妈妈拿的那根糖糖，你要吃吗？"

孩子摇摇头说："不要！"

我有点儿明白了，缓缓地问男孩："你想吃糖糖，但不要吃那根糖，对吗？"

孩子再次点点头，表情舒缓了许多。

"这根糖糖怎么了？你为什么不想吃呀？"

孩子指着那根糖："糖糖掉地上……脏脏。"

我站起来端详糖，发现糖霜上头的确有一些脏污。我和孩子核对："糖糖掉在地上了吗？"

孩子点点头。

妈妈一头雾水，我也不清楚怎么回事。切糖的师傅赶紧插话："没有掉在地上啦！是掉在旁边这里啦！这里有塑料袋铺着，绝对没有弄脏……"

我进一步跟男孩核对，才知道原委：妈妈带男孩买银丝糖时，男孩远远地看见师傅切糖时有一根银丝糖不慎掉在地上，正是男孩妈妈买到的这根。

妈妈终于搞清楚状况。一方面很气恼老板不讲卫生，且不够诚实；另一方面也生孩子的气，怎么不早点说清楚。

妈妈对我很好奇，只问了几句话而已，怎么孩子就把事情说清楚了？

我与男孩的沟通，除了需要耐心倾听，还包含了非言语信息的肢体动作、语态以及停顿。我把自己所说的内容罗列于后，读者是否能归纳出一点脉络？

"弟弟呀！你还好吗？"

"你看起来很难过，也很着急，是吗？"

"发生什么事啦？"

"妈妈拿的那根糖糖，你要吃吗？"

"你想吃糖糖，但不要吃那根糖，对吗？"

"这根糖糖怎么了？你为什么不想吃呀？"

"糖糖掉在地上了吗？"

简单的冰山探索

我曾多次到各地进行公开示范教学。

异地公开示范课程需要面对素未谋面的学生，班级秩序是个大挑战。孩子若一片沉默，教学显然不成功；孩子若嘈杂不安，教学可能也不成功；若是遇到现场出状况，有孩子闹情绪，或者不守课堂秩序，都是公开教学的地雷。这些小插曲，既考验老师如何应对，也可能是公开课最精彩之处。

我的课程内容以对话为基础。对话是一种素养，是一种好奇与关怀，也是一种美与创造。教学现场与学生应对、集体讨论或者个别对话，都是极美丽的交会。

2015年春天，我在南京市拉萨路小学做了一场公开教学，现场发生的小插曲令我印象深刻。

台下四百名教师听课。讲台上除了我，还有三十三位青少年，与我一起进行一场作文教学示范。

我以故事进行教学，在讲述故事的过程中，以对话形式和孩子讨论。师生互动完之后，孩子必须写作十分钟。当孩子完成作文，我再一一分享孩子的作品，以口语示范教师如何反馈孩子。

当我朗诵孩子的作文时，瞥见班上一名女学生将稿纸揉成一团，脸上露出不在乎的神情，当众玩弄着纸团。

我目睹这样的情况，可以选择忽略她，因为她并未影响课堂秩序。但我想对她多一点儿关心，因此决定和她对话。事后有教师反馈，他们目睹了女孩的反应，也想看我如何接招。

我走到女孩的课桌前，看了桌上写的名字，刻意蹲下来，视线与女孩同水平，以沉稳的声音呼唤女孩："可盟，怎么啦？"

女孩听见我的关心，突然扭过脸去，没有回答我的问题。

我停顿了十秒钟。停顿是一种隐形的力量，有助于彼此觉察，也有助于更深刻地体验。在我停顿的当下，全场都安静了，仿佛整个世界也静止了，只有可盟仍然揉着稿纸。我用和缓而认真的声音，非常具体地陈述："你把作文稿纸揉成了一团，发生什么事了呢？"

撬开冰山表面

可盟是个美丽的女孩，聪慧、勇敢、睿智且有点儿叛逆。为何我这样形容她？因为上课的时候，我称赞这班的孩子们："你们真是落落大方！发言不仅踊跃，而且活泼、有创意，又懂得守秩序。当你们的老师，实在是太幸福了。"

当时可盟举手了。她有什么话要说呢？我很好奇，点名请她发言。

没想到可盟说起话来如同小辣椒。她振振有词地说："李崇建老师，您觉得我们的老师幸福，可惜我们老师偏偏不觉得……"

可盟率真的发言让全场的教师笑翻了，我也笑得很开怀。

然而这个率真的女孩，现在怎么了呢？刚刚还这么爽朗大方，此刻写了十分钟作文，她的内心发生了什么？我思索着，也许她作文没写好，正在生自己的气吧？我很想关心她。

但可盟的神情显得满不在乎、难以亲近。她将目光投向天花板，不回答我的问题。我并未被她的表情干扰，那只是冰山的一角。我检验自己的内在，宁静安稳如昔。

我再次停顿十秒钟，缓缓地与她核对。这个核对的问句，语态里包含宁静，这份宁静来自我的内心，也包含我对她的关心："你把作文稿纸揉成了一团，是因为作文没写好吗？"

我停顿了不到十秒钟，可盟微微点头了。

可盟愿意回应我了，虽然只是点头而已。

我停顿了一下，沉稳地询问："阿建老师问你一个问题……"

我在此处又停顿下来。也许是停顿之故，可盟回头看我了。

我缓缓地关心与核对："你在生气吗？"

可盟这一次回应我了，再次微微点头。我在她脸上看见一种复杂的表情，那是一种委屈、自责的神态。

我继续关心她，也继续核对："你在生自己的气吗？"

可盟眼眶红了，又微微点头了。

这个天真的孩子，靓丽的孩子，直率的孩子，对自己要求这么高呀？

我缓慢、专注地对可盟说："阿建老师再问一个问题……"

我停顿了一下才发问："你欣赏认真的孩子，还是成绩好的孩子呢？"

我知道可盟不会回答，但是我知道她心里有答案。

我停顿了几秒，再缓缓地说："你跟阿建老师一样吗，比较欣赏认真的孩子？"

我说完自己的答案，停顿了一会儿，再接着说："我不明白一件事，刚刚可盟认真地写作了，即使没有写好，你怎么会生可盟的气呢？"

可盟听见我的话，眼泪就流出来了。我瞥见她身后旁听的教师，也有人开始拭泪，也许这句话触动了一些人。

这一段自问自答，顺着冰山的脉络前进，可盟的思绪也被引导，脱离了她惯常思考的脉络。

我最后对可盟说："阿建老师邀请你将作文给我朗读。但你是自由的，你可以拒绝我……"

可盟流着眼泪，将揉烂的纸团摊平了递给我，允许我当众朗读。

下课之后，有老师好奇地问我：可盟是个倔强的女孩，如何才能软化她？如何才能跟她沟通？

我把对可盟的问话罗列于后，读者是否能归纳出一点脉络？

"可盟，怎么啦？"

"你把作文稿纸揉成了一团，发生什么事了呢？"

"你把作文稿纸揉成了一团，是因为作文没写好吗？"

"阿建老师问你一个问题……"

"你在生气吗？"

"你在生自己的气吗？"

"阿建老师再问一个问题……"

"你欣赏认真的孩子，还是成绩好的孩子呢？"

"你跟阿建老师一样吗，比较欣赏认真的孩子？"

"我不明白一件事，刚刚可盟认真地写作了，即使没有写好，你怎么会生可盟的气呢……"

"阿建老师邀请你将作文给我朗读。但你是自由的，你可以拒绝我……"

弹奏冰山的方式

通过上述两则例子，我简单介绍了"弹奏"冰山的方式。

男孩的行为是哭闹，不断地说不要，但是他说不清楚。

妈妈知道男孩着急，却未"理会"他的"着急"，而是在应对他的"行为"。

读者不妨重新检视，妈妈回应男孩的语言，是在冰山的哪一个层次？也不妨重新思索，如果你是男孩的妈妈，会如何回应男孩？你的回应又在哪一层次？

若以男孩的冰山看来，妈妈一直回应的部分，是男孩冰山上层的"行为"。

我蹲下了身子，声音专注而沉稳，适时停顿，有助于让男孩的"感受"稳定下来。我回应男孩的语言，从核对他的"感受"开始：他感到着急、难过。男孩的情绪稳定了，静下来表达"不要"。

男孩表达自己"不要"吃糖，这是"期待"的层次。但是妈妈问男孩时，男孩不也是说不要吗？这有什么差别呢？

男孩在向妈妈表达"不要"时，混合着情绪、期待、观点，但未被一一厘清，表现在行为上就是哭闹。但是当我回应他的

"感受"时，男孩就能比较冷静地表达"期待"了，因此我在"期待"的层面上进一步厘清。

男孩静下来，也被倾听了之后，就能清楚说明"期待"：他不要吃弄脏了的银丝糖。这句话的背后带着一个"观点"：脏了的银丝糖不能吃。

我和男孩的对话脉络就像是在弹奏一把吉他，顺着弦弹奏出简单的乐谱：

"弟弟呀，你还好吗？"（关心与探索）

"你看起来很难过，也很着急，是吗？"（感受）

"发生什么事啦？"（事件）

"妈妈拿的那根糖糖，你要吃吗？"（期待）

"你想吃糖糖，但不要吃那根糖，对吗？"（期待）

"这根糖糖怎么了？你为什么不想吃呀？"（观点、期待）

"糖糖掉在地上了吗？"（事件、期待）

我与可盟的对话，基本上是我在说话，由此更可以清晰地看见我问话的冰山层次：可盟从不说话到点头回应，进而红了眼眶，流下眼泪，最后拿作文给我。

"可盟，怎么啦？"（关心与探索）

"你把作文稿纸揉成了一团，发生什么事了呢？"（事件）

"你把作文稿纸揉成了一团，是因为作文没写好吗？"（期待、观点）

"阿建老师问你一个问题……"（探索）

"你在生气吗？"（感受）

"你在生自己的气吗？"（感受）

"阿建老师再问一个问题……"（探索）

"你欣赏认真的孩子，还是成绩好的孩子呢？"（观点）

"你跟阿建老师一样吗，比较欣赏认真的孩子？"（观点）

"我不明白一件事，刚刚可盟认真地写作了，即使没有写好，你怎么会生可盟的气呢……"（观点、渴望）

"阿建老师邀请你将作文给我朗读。但你是自由的，你可以拒绝我……"（渴望）

这两段简单的对话，在冰山的各层次"敲了敲"，有助于我们了解对方，也有助于他人了解自己，不仅像弹奏音乐，也像是在敲击穴道。冰山是个宝贝，能弹奏出美妙的音乐，能疏通卡住了的穴道。

冰山可以如此简单。当孩子出现某个行为，或者说出某个事件，对话的人可以询问"行为""感受""观点""期待""渴望"，看出孩子的"应对姿态"。

但冰山的弹奏，并非只是顺着 do、re、mi、fa、so、la、si 弹下去，那是初学者的弹法。等到弹奏熟练了，还可以弹出更繁复的曲目。

第二章

水平面下——冰山模式的基础

人就像一座冰山，能被看见的，

只是表面很少的一部分

——行为、事件或者故事，亦即水平面以上的部分。

但更大一部分，却藏在更深的层次，

那是人的内在。

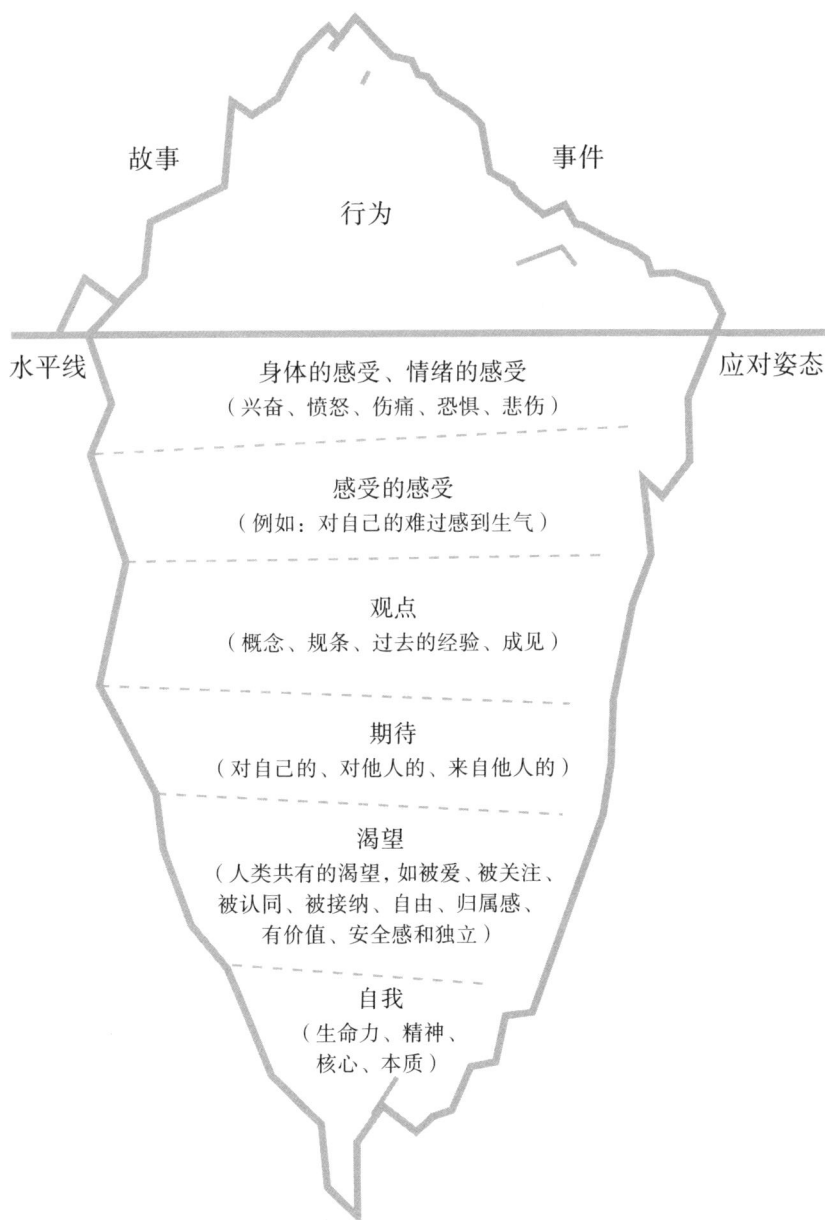

故事　　　　　　　　　　　　　事件

行为

水平线　　　　　　　　　　　　　　　　　　　　　应对姿态

身体的感受、情绪的感受
（兴奋、愤怒、伤痛、恐惧、悲伤）

感受的感受
（例如：对自己的难过感到生气）

观点
（概念、规条、过去的经验、成见）

期待
（对自己的、对他人的、来自他人的）

渴望
（人类共有的渴望，如被爱、被关注、
被认同、被接纳、自由、归属感、
有价值、安全感和独立）

自我
（生命力、精神、
核心、本质）

维吉尼亚·萨提亚（Virginia Satir）女士，二十世纪最有影响力的心理学大师之一，被誉为家庭治疗领域的哥伦布。1972年她出版《家庭如何塑造人》（*People Making*）一书，提出"冰山"一词。萨提亚的学生约翰·贝曼博士根据对萨提亚女士的观察，发现她的"对话"非常有穿透力和启发性，因此贝曼根据萨提亚的对话脉络，归纳并发展了冰山模式。这一模式能运用于人际沟通，也能用来厘清自己。

　　很多学习冰山理论的人，纷纷赞叹冰山的奥妙。

　　冰山只是一张图，怎么会有这么强大的力量？

　　冰山就如同吉他的弦。一把吉他只有六根弦，但用这六根弦，能弹奏出美妙的琴音。只要你练好基础指法，便能弹奏属于自己的音乐。

　　冰山也是如此美妙。冰山比吉他更丰富，而每个人都有各自不同的弹奏指法，能弹出不同的节奏与旋律。

冰山的层次

冰山模式是什么呢？

如同上一章所述，冰山理论是一个隐喻。人就像一座冰山，能被看见的只是表面很少的一部分——行为、事件或者故事，亦即水平面以上的部分。水平面的那一条线指的是人应对的模式，亦称为"求生存的姿态"。

而人更大的一部分藏在更深的层次，那是人的内在。人看不见内在，恰如一座冰山只有七分之一露出水面，另外七分之六藏在水面下，分别是：感受、感受的感受、观点、期待、渴望、自我。

一、行为（事件、故事内容）

当你看见一个人，最先看见的是"行为"，最先听见的是那人说的"事件"。而冰山下层的内容并不为一般人知悉。人们通过一个人的"行为"，或者人对事件的"叙说"，来"推测"或"了解"一个人。

比如孩子破坏了东西、讲了一段故事，一个人显现在外的动作、脸上的表情，甚至狗儿满嘴是血的画面，都属于冰山的上层。

二、应对姿态

冰山示意图上有一条水平线，那是人为了求生存、应对环境而发展出来的应对姿态。在冰山与水平面交界处，"应对姿态"可以是身体的姿势，也可以是一个立场或是所处的位置，或是一个保护自己的姿态。

应对姿态是怎么学来的呢？

人们最原初的关系，就是与家人展开互动。因此关系的功课是从家庭学习而来的。大部分的人所谓的"沟通"并不是与人联结，而是自保居多，人们从小就知道如何保护自己。

萨提亚提出，人际沟通中有以下四种基本的应对姿态。

I. 指责

指责的应对姿态，是为了求生存、保护自己的姿态。

在与人沟通时，在乎自己、在乎情境，而忽略他人。

总是用否定、命令来沟通，而不是表达自己。

Ⅱ. 讨好

讨好的应对姿态，是为了求生存、保护自己的姿态。

在与人沟通时，忽略自己，而在乎情境、在乎他人。

为了得到父母的爱，得到他人的认同，总是唯唯诺诺，以"好""答应"来沟通，而不是表达自己。因为讨好者担心一旦表达自己，就得不到他人的重视，也得不到爱与价值。

Ⅲ. 超理智

超理智的应对姿态，是为了求生存、保护自己的姿态。

在与人沟通时，忽略自己，也忽略他人，而在乎情境。

为了得到认同，沟通时总是争辩、说理，认为自己是对的，但并不是在表达自己。

Ⅳ. 打岔

打岔的应对姿态，是为了求生存、保护自己的姿态。

在与人沟通时，忽略自己、忽略情境，也忽略他人。

为了逃避压力，沟通时不表达自己，而是用"不沟通"来沟通。

萨提亚归纳的四种应对姿态，不仅显现在语言信息里，非语言信息里的身体姿势、声音语态，都能显现应对的姿态。一般人不易觉察自己的姿态，也不易承认自己的应对姿态。但是，当一个人有心改变，察觉了自己在非语言信息与语言信息中的应对姿态之后，会更深地认识自己。

在亲子关系中，父母若觉察自己的姿态，也能让关系变得和谐，给双方带来成长。

那什么样的姿态比较健康呢？

一般而言，能觉察自己的姿态，并愿意为自己负责，就是初步的功课了。比如知道自己在指责，但你就是要指责，并且愿意为指责的后果负责，这样是没问题的。但是在家庭教育的过程中，教养者即使知道自己的姿态有问题，也非要用这样的姿态来沟通，并不会取得美好的结果。

在萨提亚模式中，一致性的姿态，是最健康的姿态。

V. 一致性

一致性的姿态，内在和谐宁静，外表专注放松。

在与人沟通时，在乎自己、在乎情境，也在乎他人。沟通时，懂得表达自己。

对于一致性最简单的理解，就是内外一致。如果心里有某种感觉、想法与期待，那就为自己负责地表达。这看似简单，却并不容易。因为很多人不清楚自己的感受、想法与期待；或者知道自己的感受、想法与期待，却不一定懂得表达；或者可能已经表达出来，却并非以负责的态度表达，而是以控制者、受害者的方式来表达，那就违背了一致性的原则。

但必须了解的是，"一致性是一种选择，而不是规则"。人可以选择任何姿态来沟通，但是，人必须为自己负责。

三、感受

应对姿态的水平线下，第一个区块是感受。

1. 身体的感受

感受是什么呢？

身体的感受有：痛、放松、紧、冷、热、酸、鸡皮疙瘩……也有更细微的脏器感受，比如心跳加快、肠胃胀痛等。

在介绍应对姿态时，我们提到过，前面的四种应对姿态都"不表达自己"。可能很多人困惑，什么是"不表达自己"？

举例而言，一个孩子跌倒了，他感到很痛。父母会如何应对呢？有的父母会拒绝孩子"痛"，否认孩子"痛"。他们会对孩子说："这怎么会痛？""那样就痛了喔？一点都不勇敢。"

父母若这样回应，一部分的孩子长大以后，会不懂得表达自己的"痛"，甚至不感觉自己在"痛"。

这就是"不懂表达自己"的例子。明明很痛却说不痛，因为父母早年的声音已经取代了"自己"的声音。也可能"自己"感受不到痛，因为父母的教训取代了"感受"，因为"痛"的感受得不到允许。

我再举一个例子。一天我去演讲，当天气温稍有下降，高铁站内一位妈妈唤着年约五岁的女儿，要女孩过来穿衣服，但女孩不愿意穿外套。

妈妈放高音量，向女孩解释为何要穿衣："气温下降了，过来穿衣服才不冷。"

女孩回应着："可是我不冷。"

妈妈很着急地说："这么冷还说不冷，赶快过来！你再不听话，妈妈不爱你了……"

女孩满脸委屈，被妈妈穿上衣服。

她可以拥有自己的感受吗？还是"应该"拥有某种感受呢？

身体的感受还包括：心跳、胃收缩、背部僵硬、脖子很紧、肌肉紧张……你能敏锐地觉察身体的感受吗？甚至觉察更细微的内脏各器官的感受？

Ⅱ. 心里的感受

心里的感受，最直接的就是各种情绪。人能自由地感受情绪吗？能承认自己的情绪，允许并接纳自己的情绪吗？

很多人内在有情绪，但自己都不知道呢！因为，人们常常被教导忽略情绪。

面对一个生气的孩子，你会跟他说什么呢？

最常听见父母说："不要生气。"这个孩子长大后，极可能成为这样一类人：跟人争辩时很激动，人们跟他说："不要那么生气！"他会更大声地说："我没有生气，我只是说话比较大声！"

他可能不知道自己正在生气，也不能承认自己生气，因为从小被教导"不能生气"。他连自己的感受可能都不知道呢!

面对一个难过的孩子,你会跟他说什么呢?

或者说,难过这件事,是否有"应该"或"不应该"?

一个孩子向我分享亲人过世时的心情,我问她难过吗,她点点头说:"难过。"

我继续问她:"你流眼泪了吗?"女孩摇摇头说:"没有。"

我好奇地问了一下原因,为什么难过而未流泪?女孩竟然回答我:"其实我没有很难过,我只是觉得自己应该难过……"

人的情绪有很多:焦虑、不安、郁闷、烦躁、兴奋、愉快、舒服、生气、害怕、沮丧、悲伤、愧疚……

不妨问问自己,你了解自己当下的感受吗?

四、感受的感受

我们对于自己身心的"感受",会产生某种"评价",对于原本的感受有了另一层次的感受,这就是"感受的感受"。若能觉察这一层次,便能觉察自己长久以来对待自己的方式。

比如,某人去参加好友的丧礼,在告别式上收到一则消息,是来自家人的通知,通知他中了彩票头等奖。这个人收到消息,感到非常兴奋,但随即意识到自己正在参加丧礼,怎么可以感到兴奋呢?因此,他对兴奋的感觉产生了愧疚感。"兴奋"是感受,因为对"兴奋"的评价而有了"愧疚"感,就是感受的感受。

人们常在生气之后,衍生出愧疚、沮丧等,这都是感受的感受。

五、观点（想法、信念、家庭规条）

遇到一个事件，人会有观点。观点是什么呢？是思想、看法、信念、成见、假设、规条、过去的经验所形成的。

比如，对于某一社会事件的看法，对于是否应该保留死刑，这些议题背后都有个人的观点。但是，观点是怎么来的呢？这个观点适合我吗？真的是我愿意坚持的吗？

比如，爸妈为孩子从小设立了某些规条，孩子长大以后就会维持规条，或者故意叛逆规条。过去曾经有成功、失败的经验，总结起来就成了固定的观点。

比如，我就是讨厌"某种人"，"某种人"可能是某种外貌、表情、行为、言论。那么，对于"某种人"的观点怎么来的呢？可能只是停留在"我就是不喜欢""某种人就是……"这样的思维里，而这样的观点会让内心不能宁静，或者让自己受到局限。

如果人们愿意探索"观点"、探索习惯性的想法，便可以清楚地知道自己观点的由来，能进一步澄清自己的观点，决定是否要继续保有这些观点。

观点，除了自己对他人的观点、从他人那里获得的对自己的观点，还包括自己对自己的观点。比如，过去父母对我的评价，也许就形成了我对自己的观点，我也会用这样的观点去评价别人、臆测他人。

然而，一般人很少真正厘清"观点"。比如上文的女孩可盟，她认可的观点是"认真"比"成绩"重要。但是她从小接收的观点，可能是"成绩"比"认真"重要。因此，控制她内在的观点，其实是她从外界接收的观点，这让她不自觉地产生了对自己的观点，从而有了回应世界的方式。

探索了观点之后也许会发现，自己长期奉为真理的信念，可能是来自原生家庭的规条。探索之后，便能重新决定某个观点是否适合自己，发现可以有别的想法，于是获得新的自由与选择。

六、期待

每个人都有很多期待，比如对自己的期待、对他人的期待：中午想吃阳春面，想上理想的学校，希望爸妈身体健康、自己平安顺利、孩子品格发展好，等等。

人也要面临他人的期待：爸妈期待自己成才、老师期待自己功课好、伴侣期待自己挣钱养家等。

人们每天都面临期待的失落。小到意外跌倒、想去的店铺关门，大到父母过世、小孩调皮捣蛋、婚姻不美满……

人们会因为期待落空而感到失落、哀伤、生气、无奈，有些未满足的期待会在一生中默默影响一个人，但自己并未觉察。过去"未完成的期待"，就像未了的情结，困扰着当事人，扭曲或影响着他对事情的看法、感受甚至渴望。

对于某些不合理、不实际的期待，我是否可以觉察？是否可以重新选择？

比如，别人对我们的期待。我们常常内化父母对自己的期望，就算父母早已过世，还是努力试图满足父母对我们的期望。这种期望会影响我们的一生。

又比如，我们对别人的期待。假设我在童年时很希望得到妈妈的爱，但一直得不到这份爱，就会因为这个期待失落了而衍生出很多未被觉察的后果。

再比如，我对自己的期待。我期望自己能孝顺父母，但我一直很叛逆，未料父母过世了，这个期待永远无法满足，因此我一直痛苦着。

未满足的期待深埋于人的内在，有时主宰着一个人应对世界的方式，影响他的生活，甚至让他感到痛苦。但人们不一定能觉察到，因而也可能未曾真正面对这些期待。

七、渴望

渴望是全人类共有的，是人类生长的基本条件，就像水、空气与养分对于生物的意义。

人类的渴望是什么呢？渴望被爱、被接纳，生命有意义、有价值、有自由。当人触及这些渴望，感受到自己被爱、被接纳、有价值、有意义、有自由，内心就会有深刻的满足感。

一颗种子发芽，需要氧气、水、阳光与养分。若是没有这些，种子就不会发芽，而是沉睡于泥土里，等待这些元素到来。

一个人的成长，需要爱、接纳、意义、价值与自由，这一切如同种子发芽的元素，若没有这些元素，一个人不会诞生与成长。人从精子与卵子结合那一刻开始，到在母体孕育十个月，都是一种爱与接纳的过程。婴儿从呱呱落地开始，被哺育、照顾、扶助，生命就有了价值与意义。在成长的过程中，人学会了如何选择、如何为自己负责，这就是一种自由。所有这一切，都是生命的元素。生命不会无故诞生，也无法不依靠这些元素。

但是，人们拥有这些元素，却不一定能"体验"这些元素。

"体验"的简易解释就是"有感觉"。人在成长过程中如果遇到磨难，比如曾被虐待、控制、忽视、遗弃或者伤害，会体验不到爱，往往想要爱却又害怕爱，也体验不到自己的价值，无法接纳这样的自己。

人在成长过程中，常会受到环境的伤害。有些父母常将"期待"与"渴望"混淆，当孩子达不到父母的期待，父母的言行常让孩子无法满足渴望：感受不到爱，感受不到自己的价值，感受不到被接纳，感受不到自由，感受不到生而为人的意义。

当孩子不满足父母的期待，父母也会上演一出内心戏："我当父母很失败，很没有价值，我不能接纳自己的挫败。"父母无法满足自己的渴望，那么回应给孩子的语言往往也无法满足孩子的渴望。

有时候父母会开一些无心的玩笑。比如，过去父母会跟孩子说："你是从垃圾桶捡来的。""早知道我就不生你了。"这些语言都对孩子隐隐传递着一个声音："我没有价值。"这个声音也会让孩子无法联结自己的渴望。

人常常忽略自己的渴望。有的人长久没有价值感、没有自由的感觉、没有意义感、不被自己与他人接纳，甚至没有被爱的感觉。人如果能体验到"渴望"，就能体验到生命力，也能与自己达成深层的理解与联结，这就是萨提亚女士说的"第三度诞生"。

八、自我

冰山最底部的"自我"，萨提亚称之为"生命力"，是生命能量驻守之处。我的老师贝曼解释，"自我"并非表象上的行为和成就，也不是一个人在公众面前的形象，而是生命最底层的力量。人们会在这个层次上感受到自己的完整性。

贝曼据此解释，一致性有三个层次：

第一层是接触自己的感受、承认自己的感受、管理自己的感受。对超理智的人而言这很困难，在感受上一致，是个很有挑战性的任务。（本书作者补充："打岔"的人亦是如此。）

第二层更为重要，就是与自我一致。不只是停留在与感受一致的层面，而是要进入更深的层次，与自我和谐一致。这样，你会更好地发挥功能、内心更满足、更感觉到自己的整体性。

第三层是与灵性的联结，亦即与自我联结。

贝曼认为，一致性的第二与第三个层次都与"自我"有关，可见，与自我的联结是达成一致性的关键，也是一种深层能量的联结。

上述关于冰山的介绍，并不容易理解。因为冰山牵涉到体验性，而不只是一个概念，且其中每个层次相联结，比如从事件进入感受，再从感受进入应对姿态，从应对姿态进入感受，从感受进入期待……这些千变万化的路径，会让人看到不同的风景，而最后的目的地都是"渴望"与"自我"。这些不同的风景以及路径的区别，我将在随后的篇章中陆续介绍。

第三章
靠近——觉察身体与情绪的记忆

冰山的探索是为了帮助人们

觉察与重新接触自己，

并且重新为自己做决定，为自己负起责任。

不再当一个受害者，

而是成为一个自由的人。

冰山是对一个人的隐喻，水平面以上是行为、事件。水平面以下，那些不曾被聚焦、不曾被注意探索的部分，潜藏着巨大的宝藏和秘密，有待我们耐心厘清。

比如，外面发出一连串巨响。有的孩子缩在角落，颤抖着哭泣；有的孩子非常兴奋，靠近窗户要一探究竟。

孩子的反应不同，那是冰山的表层。要看到水面下的部分，才能对孩子有所了解。

缩在角落的孩子，内心的感受是害怕，觉得有东西爆炸了。

想要一探究竟的孩子，内心的感受是兴奋，认为是庆典，在放烟火。

为何不同的孩子会有这样截然不同的感受呢?

身体和情绪的记忆

若潜入水面下探究，就会发现，不同的经验创造了每个人各自不同的身体与情绪反应。知道原因，就能够接纳，也有可能改变孩子的状态。但一般人探究原因时，不懂得潜入水面下探寻，只会一味地问"为什么"。殊不知人为了存活下来，更多时候会选择遗忘。需要潜入水面之下，敲击一下关键密码，才能让他们想起来。

生活中，这样的状况比比皆是。

看看人们的反应吧！有的人稍微受点刺激，就勃然大怒；有人在小事上被拒绝，就深受打击。常有人将这些反应归类为一个人的"个性"，仿佛个性是与生俱来的。然而，个性中天生的只是一小部分。基因是与生俱来的，创造了每个人的独特性；但在脑神经科学日益发达的今日，我们已逐渐明白，童年如何被对待，影响着孩子大脑的发育，让他们对外界刺激产生不同的回应。这是"个性"形成的重要部分。

成长过程中的事件，有些被大脑遗忘了，但身体与情绪的记忆却保留了下来。科学家通过计算机扫描发现，当人类进行活动或者遭遇某个事件，抑或回想起某段记忆时，大脑会处理这些记忆、身体感觉与情绪，因而身体与行为会有所回应。也就是说这些回应并非由理性控制。

尤其是遭受过创伤的人，一旦接触跟自己特定经验类似或有关的情境时，大脑与身体都会有所反应。对于这些非理性的表现，人们常以理性进行反馈，往往陷入争辩、解释、指责、讨好与逃避的状态，无助于彼此成长，更无助于问题的解决。

从"听话"到"对话"

比如我写此文时，正好收到一位妈妈的来信："前天妹妹过生日，哥哥表现很温柔，他走进房间，专门为妹妹弹奏一首钢琴曲庆生。没想到哥哥弹奏完钢琴步出房间之后，发现妹妹在吃冰激凌，哥哥问：'为什么妹妹有冰激凌，我没有冰激凌？'爸爸有点冷淡、也有点儿不耐烦地说：'冰激凌只有一个，是妹妹想要吃的。'哥哥闻言后气炸了，将身边所有的东西砸烂，只要是能拿在手上的，书本、盘子、椅子、刀叉、蛋糕，全都砸烂在地上。等到哥哥冷静下来之后，他又特别理性地说：'谁叫你们只买给妹妹吃！'我真不知道该怎么办才好！"

哥哥为何有这样的反应呢？多半与家庭系统的互动方式有关。可能过去父母常常压制孩子的情绪，忽略孩子的感受，只会跟孩子说理，或者对孩子提诸多要求。但父母并不了解儿子的应对方式来自家庭，只是从表面上观察，看见儿子的状态有问题。而儿子虽然明知自己的做法不应该，却又不理解自己究竟怎么了，只能竭力解释。

教育工作者很难跟父母说明，孩子的反应大多与家庭的互动方式有关。因为一旦询问父母的家庭教养和沟通情况，想要给予指导或解答，父母往往会陷入哀伤与愧疚、愤怒与指责、争辩与推卸。这样无助于家长的觉察和改变。因为家长自己也从特定的互动系统中成长，衍生了一套应对的方式，家长也会感到受伤，也需要被理解与接纳。这些现实状况常让教育工作者感到无措，不知道该如何是好。

这样的场景随处可见。在职场与家庭生活中，很多人无法意识到自己正在重演过往的应对经验。他们常常以生气、害怕、逃避或暴怒的方式来应对："都是你害我迟到了！""谁叫你不早一点出门！""都怪你把东西放在这儿，害我跌倒了！"他们不是不理性，而是理性无法出现。他们往往很无助，等到情绪风暴过去了，他们会迁怒于某件事、某个人，抑或深陷愧疚、自责之中，这些完全无助于解决问题。

时代已经改变了，从过去崇尚权威的年代逐渐解放出来，教育环境不再单纯地强调"听话"，而是要进入"对话"的系统。但是，人们不懂如何对话，这需要整个环境逐渐改变，不再以听从、叛逆、争辩、忽略的方式去应对问题，而是学会真诚地交流沟通。

在与他人沟通交流时，也需要探索自我。真正了解自己，才能一致性地表达自己。但我们的教养模式从未教导人们探索自我，探索自己经验、观点、感受的原点，追问这一切从何而来、如何而来。

因为过去父母应对孩子的状况，多半是以说教、指责的方式试图解决问题，从来不了解问题的成因。实际上，问题甚少得到解决，而大人的解决之道也多半停留在几种惯性的循环上。

土耳其有一则传说。有位仁兄问智者那斯鲁丁："为什么这扇门推不开？我已经推了很长一段时间了。"那斯鲁丁问那位仁兄："门上写着什么字吗？"那位仁兄回答："有！写着'拉'。"那斯鲁丁又问："那你为何一直推呢？"

我认为目前教育的问题是，甚多人都在重复无效的方式，或者明知已经无效的方式，却未停顿下来，静心找到问题的成因，真正面对问题。这正如同那位仁兄不断推着一扇需要拉开的门。

我常遇到孩子沉迷网络、拒绝或恐惧上学、关起门来不想沟通、不专注、割腕自伤，甚至叛逆逃家等各种偏差行为。当父母来询问时，我都探索问题成因，让父母觉察自己的应对方式，也让孩子觉察自己，学会为自己的人生负责，我使用的对话脉络就是"冰山"。

人类痛苦的一个源头，是自己对自己的谎言。但这些谎言大多不是故意的，而是为生存而发展出来的，是在过往的负面经验中，由我们的心智创造出来的。

人类的思维、感官在一个惯性里运作，很难真正接触"自己"，对冰山的探索正是为了觉察与重新接触自己，并且重新为自己做决定，为自己负起责任。不再当一个受害者，而是成为一个自由的人。

负面童年经验

二十一世纪，AI（人工智能）、大数据的运用，让网络越来越便捷，权威不断被解构，人的关系也出现不同的面貌，整个世界都发生了巨大的变动。旧时代盛行的是权威式教养，或者恩威并施的教养，教养的方式以"听话"为主轴，以"控制"为目的，针对的是"问题"的解决，而非对"人"的真心关怀。教养者以权威自居，用说理、命令、给答案与责骂的方式，试图解决问题，这样很容易创造出二元对立的关系，也容易让孩子的内在受伤。但这种伤害表面上看不出来，就像冰山，大部分都潜藏在水面下。

近年来随着脑神经科学以及心理学的发展，对于"负面童年经验"（Adverse Childhood Experience，简称 ACE）有了更多研究，让大众更清晰地了解创伤对人的影响。这也给了人们一种科学的根据，可以检讨过去的教养模式。

什么是"负面童年经验"？

1998 年，文森特·费利蒂博士（Dr. Vincent Felitti）发表了一篇著名的 ACE 研究报告。研究针对 17500 位成年人展开，受访者主要是白人，拥有大学学历和良好的职业。费利蒂博士设计了一份问卷，询问了十种童年逆境，比如，肢体虐待、性虐待、情绪虐待、疏忽、家暴、家庭酒瘾问题等，发生地点大都在家里，或者涉及与家人之间的相处。研究结果显示，经历愈多童年创伤的人，在成年就会有更多的身心健康问题，成长期间也更容易出现学习或行为问题。每一种创伤的 ACE 指数记为 1，比如父母离婚、被父母殴打、长期语言咒骂。当 ACE 指数为 4 以上时，孩童出现学习与行为问题的概率达 51%。

ACE 研究发现，创伤经验影响着孩子大脑的发展。受创伤指的不仅是肢体虐待，还包括心理创伤，比如，家长对孩子的疏忽、对孩子的身心需求没有回应，或是家长不断指责、贬低、嘲笑孩子，让孩子觉得自己没有价值，或者恶劣、变动的环境，都属于创伤经验，会影响婴儿与儿童的大脑与身体发展，影响其大脑调节思考与感受的方式。当杏仁核不断侦测到威胁，大脑就需要释放压力荷尔蒙来应对可能的危急状态，这样的压力就称为"毒性压力"（Toxic Stress）。孩童面对早期的慢性压力，会无法调整并适当应对，成长过程中遭遇小小挫败，有可能如同天崩地裂，从小小冲突演变成严重争端。这些压力反应系统的高度敏感，容易让孩子在学校分心、吵闹、顶嘴、捣乱、生事，也可能让他们抗拒老师与家人的关心。

放弃权威式教养，重新理解孩子

从 ACE 的研究中，不难理解为何偏乡僻壤、失能家庭、隔代教养家庭的孩童中容易产生特别多的问题学生。尤其是婴儿时期大脑所经历的遭遇，会成为情绪与觉察的一部分。

传统教养模式中常见的打骂或忽视孩子，都可能对孩子造成创伤。但是父母、教师并未觉察到自己的应对方式将如何影响孩子的发展。我最常提出的问题是：当孩子失败了、犯错了、不符合期待了，大人会以怎样的言行来应对？这样的言行，孩子接收到以后会有什么感觉？会产生什么观点、什么期待、什么渴望？了解了这些，就能看见孩子的冰山如何编码。

萨提亚女士在演讲中指出："父母是对孩子的生存具有重要意义的人。对于正在成长的婴儿来说，当他们学习自己的蓝图时，父母是他们的榜样。这个蓝图源自孩子对概念的"标注"（即孩子对事情、人及观点的称呼），同时源自他对命名的解释。我将这个过程称之为"编码"。儿童不断学习着对自己和他人、对内在世界进行标注和编码。"

如何看待人内在的编码呢？除了对于人和事物的观点，最容易检测的是情绪。比如，发生了一件事：别人不一定受伤，而你受伤了；别人不一定生气，而你生气了；别人不一定暴怒骂人，而你暴怒骂人了；别人不一定逃避，而你逃避了；别人不一定害怕，而你害怕了……这些感受无关对与错，可能每个人天生的气质不同，也可能成长背景不一样。若是受到成长背景的影响，在人的关系互动中学习生存的方式，就可视为一种编码系统。

过去权威模式的教养，因为符合旧时代的运作模式，即使有问题也被隐藏起来，使人难以觉察，也难以显现出根源问题。但如今是信息时代，父母、教师的教养模式需要改变，若是因循旧时代的教养，辱骂孩子、责打孩子、严厉教训孩子、忽视孩子的情绪、忽视孩子的需求，都可能会给孩子带来创伤。心理学的研究显示：被忽略或长期遭受辱骂的孩子，比较容易缺乏自尊；被残酷对待的孩子，内在常有积压已久的愤怒，需要用巨大的能量来控制；早年受到遗弃与剥夺，成长后常将他人的举动视为针对自己，也不易发展出同理心；不允许表达自己意见的孩子，往往不能为自己做主，也很难为自己挺身而出。

一致性的家庭互动

受创伤的孩子必须竭力应对世界以求得生存，他的内在世界不断在"编码"。但是大人也有自己的"编码"，两个人的冰山碰撞，严重起来就像"泰坦尼克号"的船难。

然而，没有人在完全理想的环境中长大，每个生命的成长都有其困难。萨提亚模式的教育观是：若是有情绪稳定、行为可预料的父母，懂得协助孩子，懂得如何让孩子独立，而父母自己也能照顾自己，能与人好好相处，喜爱孩子并且鼓励孩子探索，懂得回应孩子的情绪，接受孩子的犯错与失落，就能帮助孩子成为有自信、有能力的成年人。

萨提亚曾在演讲中对家庭互动提出几个问题，我列在这里供大家参考：

1. 每个家庭成员如何呈现自己的独特性？
2. 家庭如何做决定？
3. 每个人如何对彼此的差异做出反应？

萨提亚对这些问题做了进一步的说明："家庭中的每位成员，是否能一致且清晰地表达自己的所见所闻，以及对自己和他人的感觉与想法？家庭成员沟通的时候，是否考虑到每个人的独特性？做出的决定是否基于探索与协商，而不是基于权力？每个人的差异是否能被公开承认，并且促进彼此的成长？"

萨提亚模式是一种沟通模式。冰山可视为与自己、与他人沟通的工具，但在真正进入冰山对话前，有一个重要的练习，就是好奇。下一章我将仔细说明。

第四章

好奇——冰山对话前的练习

冰山的探索并非仅仅是一门技巧而已，
而是逐渐觉察自我并且内化的过程，
也是一种生命态度。
因为进入自己的内心，
是进入他人内在最快的路径。

2001 年，约翰·贝曼受邀演讲，主讲萨提亚模式，他示范了冰山的概念，邀请观众上台对话，当时我被深深吸引。他对于冰山的解说，还有他的对话方式，都与我过去的对话经验完全不同。

过去，我与人对话，总脱离不了指责、讨好、敷衍、说道理、陈述事件或故作幽默。我最在意的是，跟家人对话时常常感到无奈，但离开了家庭又非常想念家人。反观当天贝曼的对话，即使当事人卡住了、矛盾了、纠结了，贝曼都和谐安稳，不断对当事人进行探索，探索的问句富于启发，而且不带任何质疑。

体验性的冰山对话

贝曼当天的对话给我的印象太深刻了，仿佛一位武林高手在展示绝世武功，又像是一位开悟的大师，提问时金句频出，无须解释太多，也无须说服他人，更不会敷衍了事。他的对话总是切中要点，让我心灵震颤，静心之后，仿佛一股能量在体内运行，世界变得安详宁静。

与他对话的人虽不是我，我的内在却有如此强烈的激动、专注、和谐与宁静。我很难描述这些体验，复杂的感觉熔于一炉，是我生平未有的。我有股强烈的渴求，想要留在那样的经验里，那是我热切需要的。我想要那样的状态，想要那样的对话方式，想要改善与家人的关系，甚至，我感受到了自己从没有想过的渴望——想要改善与自己的关系。我当时流了不少眼泪。回顾触动自己的因素，我发现，让我流泪的是贝曼的姿态，以及贝曼深刻的提问，这一切可以概括为：贝曼这个人。

过去，我读萨提亚的书，从未有这样的体验。我当时明白了一句话，那是我仅靠阅读书本很难真正领悟的——萨提亚模式是体验性的模式。

两天讲座之后，非常不可思议地，我做了一个大胆的决定：报名贝曼的两年专业培训课程。当时我感受到一股生命力，通过贝曼的对话，从冰山底层被召唤出来了。我参与培训课程，渐渐明白贝曼的对话之所以触动我，是因为他深化了自我的冰山，运用了自己深刻的能量，以提问为探索的基础，敲击、启动了我的冰山，我内在的生命能量。

约翰·贝曼提及一段过往，那是他与萨提亚女士的初遇。贝曼当时正攻读博士，第一次接触萨提亚，他曾经这样表述："萨提亚留给我的第一印象，是在晤谈中不断向来访者提问，就像是苏格拉底的化身。不过那时我还没有意识到，这些问题通常都聚焦在体验层面。那时，让我印象深刻的是她的魔力，而不是她的技术和方法。"

学习冰山的伙伴常常会互相提醒：冰山不只是一种工具。这意味着冰山的探索并非是一门技巧，而是逐渐觉察自我并且内化的过程，是一种生命态度。因为进入自己的内心，是进入他人内在最快的路径。

何谓进入自己的内心呢？可以诠释为"身心的觉察"，或者从"身心的信息"出发，探索、觉察与接纳自己。

冰山水平面以下的第一区块，就是人的"感受"。然而，人往往被"脑"（思维）绑架和蒙蔽，忽略或封闭了"身心"的感受。从身体的感受到心理的感受本是自然而然的发展过程，却在人的成长过程以及心智的运作过程中失去了，那无异于失去了与本体的联结。要重拾与自我的沟通，需要重新学习觉察、接纳这份体验，才有机会获得更深刻、更清晰的思维。

然而冰山的练习不易，常有人学习冰山对话，了解冰山的理论，然而一旦要启动冰山对话就卡住了。因此我会在本书前几章由浅入深地示范、讲解诸多对话，以便读者明白。

沟通时的觉察与停顿

冰山被用来隐喻一个人的内在，因此运用冰山探索、觉察、体验与转化，须进入人的内在，才能解读人的编码。近年来脑神经科学、身体科学的进步，让我们了解到身体决定了情绪，并开始关注身体的信息。在萨提亚的演讲和著作中，不断提及关注身体感受、心理感受的重要性，这一点到今天都仍然受到重视。

我在沟通实务里，非常强调对姿势、语调的觉察，经常有意识地创造停顿。这些非语言信息有助于对话者时时觉察自己。我以和孩子对话为例，将其罗列于下方：

1. 觉察姿态：

觉察自己的肩颈，试着放轻松。

双手自然下垂，眼神专注宁静，但不是瞪着孩子。

视线与孩子尽量齐平。

肢体和谐，双手自然下垂。

2. 觉察语态：

语气有意识地真诚一些。

说话速度有意识地放缓慢。

用语言描述时有意识地停顿。

时时提醒自己深呼吸。

专注地说话。

3. 停顿

停顿是留有余地，引向深刻的感受。

停顿具有体验性，能整合思索与感官。

让自己停顿，觉察自己的内在感受。

通过自己的停顿，让对方停顿。

停顿可运用于等待、自我觉察与整合、语言的顿挫。

找回失去的好奇心

萨提亚模式是一种成长模式，而非控制模式；是一种探索模式，而非分析模式。"探索"的方式，是萨提亚模式中最重要的入门功课。

世界包罗万象，值得人们好奇，但是人逐渐长大，也逐渐失去好奇心，这与教育方式有关系。孩子往往会问一连串的问题，大人常不懂如何应对，或直接给予答案，或要求孩子听话，这样的做法都会抑制孩子的好奇心。

人类的成长过程受限于思维、经验与文化，看待问题有了固定模式，只想要解决问题，而不好奇问题的成因。尤其在今天，靠打、骂、说教、直接给答案的传统教育，已经很难解决问题。因此我在讲座和工作坊中会提供一个想法，邀请所有父母与教师"练习好奇"，在语言信息上刻意不给答案、不说道理、不敷衍与指责，只以温暖和谐的好奇回应，这就是对话中的"乒乓练习"。

贝曼提及对萨提亚的初次印象，就是"在晤谈中不断向来访者提问"。

探索是冰山对话的主轴，好奇心会带来同理心。若是对话者不够好奇，冰山的大门就进不去了。

我开始学习冰山理论，才意识到好奇甚难，因此刻意练习好奇，使得好奇成为自己的一种素养。深刻的好奇是倾听的重要元素，是沟通的起点，是改变的缘起，是接纳的开始，是生命力的发轫。

假使一个孩子遭遇困难，大人没有任何好奇，只想给予解决方法，就没有机会倾听孩子究竟卡在哪儿。孩子未被理解，可能就不想表达，于是沟通就此关闭。孩子的困难、情绪囚禁于内在，仅仅以生存模式（四种姿态）应对，改变就显得困难。大人的说教与责备会内化成孩子的一部分，让孩子不懂得接纳自己。一旦孩子面对困难，在生存模式中不断循环，就无法与自己的生命力相联结了。

刻意练习好奇

充满好奇的沟通方式，在家庭、学校与职场中都甚少为人运用。于是当孩子出现问题时，大人也很难以好奇和规则去联结孩子。

我曾收到一封信，妈妈的叙述如下："孩子上初中之后，每学期考试都作弊。针对作弊这件事，我和孩子曾好好谈话，谈考试的方法，谈作弊的代价，孩子都说了解了，不会再做同样的事了，但结果又作弊了。我平时没有要求她的成绩有多好，只要求她态度端正，有进步都会鼓励她，为何她还是这样呢？"

孩子作弊了，这是一个行为。妈妈"好好"跟她说也无效，于是我建议妈妈运用好奇，了解孩子到底发生了什么，也为孩子带来觉察。

若以此例来练习好奇，你会如何做呢？不妨试着列出你的好奇。

我的好奇甚多：孩子作弊的原因是什么？孩子是何时开始

作弊的？因为发生什么而作弊？考不好会怎么样？是否曾经考不好而招致负面经验？孩子如何看待此负面经验？妈妈说要重视态度，当孩子考不好，妈妈会怎么回应呢？孩子会担心什么吗？孩子考不好时，感觉是怎么样呢？孩子感觉妈妈重视态度还是重视成绩呢？……

很多人无法运用好奇。好奇的问话，不容易以和谐的口吻、接纳的态度提出。当父母看见孩子出现问题时，常以说教、指责、给答案的方式来回应。但父母没有意识到自己并未对孩子展现关心、好奇问题的成因，于是问题仍旧反复出现。

成长于"听话"年代的人，在对话中不懂"好奇"，只想给出答案或道理，易形成对错争辩的二元对立。然而在我们的社会中，"好奇"并非受重视的素养，也不是成长中必备的品格。家庭成员彼此非常熟悉，"熟悉"也是好奇的天敌。当人们对亲近的人失去好奇，关系就开始疏远了，甚至以看不见的方式瓦解。

要重拾对人、事、物的好奇心，除了时时提醒自己，也需要在日常对话中刻意练习。

我给学员刻意练习的功课是：不给答案、不说道理、不解决问题、不问"为什么"、第一句不说"你觉得呢？"、不轻易以"嗯嗯"回应对方。（这些问句并非完全不宜，只是经验表明，它们在大多数情况下不利于深入互动。）

开始练习时可能很困难。但很多伙伴跟我反馈，一旦熟悉好奇的方向，好奇心就能逐渐回来，培养出"好奇的素养"。

我经常提出各种句型，考验如何运用好奇，并邀请众人以连续十句好奇的句式回应，从而培养探索的能力。比如下列叙述句，你能否连续用十句话表达好奇，跟孩子不断互动？

三岁的孩子说：你的手手是黑的。

五岁的孩子说：我爸妈都是老师喔！

六岁的孩子问：为什么窗户黑黑的？

七岁的孩子问：什么是孤儿院呀？

九岁的孩子说：老师又处罚我了。

十岁的孩子说：我不想写功课。

十二岁的孩子说：我不会写作文。

十四岁的孩子问：人为什么要读书？

十六岁的孩子说：我觉得老师很烦。

十七岁的孩子问：读书真的那么重要吗？

上述叙述句，有的是抱怨，有的是问句，有的在陈述现象。在我下文提出好奇的脉络之前，读者不妨思索，自己是否可以完全用"好奇"的姿态回应。

当好奇成为一种素养时，进入冰山探索就容易多了。

你好奇了吗？

刚开始练习好奇的人们，会发现不断保持好奇非常难，甚至问出第一句都很难。渐渐能问一两句之后，会发现接下来的问句不易接续，也会发现好奇的问句可能引来让人沮丧的回应，进而意识到自己的好奇问句不妥。也会疑惑一直好奇下去，不知要好奇到哪里为止。这些都是练习时必经的过程。

我为"好奇"给出了一个方向：以丰富的眼光看待人和事；好奇不是引导答案、意义或一己的期待；好奇是打开一道门，看见美好的风景；好奇的目的是与人的生命力联结。

除了在对话中时时提醒自己好奇，也可以每天练习五分钟，对身边亲近的家人保持好奇。我曾经在《对话的力量》一书中提出一个"好奇对话"的指引，让发起对话的一方能专注，也让另一方有方向。

以下就是"好奇对话"的法则：

- 呼唤对方的名字或者称谓，且刻意停顿。
- 从对方感兴趣、能回应的话题切入，主动从事件中提问。
- 重复对方上一句的句尾，有缓和与积极聆听的效果。
- 为对方的叙述，整理、组织出更精简的叙述。
- 避免问"为什么"，但可以替换为："你还好吗？""发生什么事了？""怎么啦？我很好奇……"
- 当牵涉到规则，要引导孩子负责任，善于问孩子"怎么办"。

除此以外，如何拓展话题、如何在进入冰山脉络前让提问更有内涵呢？我提供下列三个方向，可以与冰山的脉络交错提问：

- 不解决问题，而是关注人。亦即关注事件对人的冲击，而不是关注问题如何解决。

- 回溯时间，探索问题的成因。回溯个人经验，刚好与冰山形成一个十字框架，回溯的年表就是时间轴，冰山则是空间轴。每一个时间轴中，都有其历史性的空间轴；每一个冰山的空间轴中，都有其能回溯的历史。
- 询问具体事件，在细节处提问。除了能具体了解，也能让对话一方将事件付诸语言，陈述发生了什么事，了解自己是谁，进而进入冰山的脉络。

比如，我五岁的外甥女川川说："我爸妈都是老师喔！"

我回应："你爸妈都是老师呀！"（重述语言）

川川："对呀！"

我："你什么时候知道的呀？"（回溯）

川川："我很久很久很久很久以前就知道了。"

我："你很久以前就知道啦？"（重述语言）

川川："对呀！"

我："你有看过爸妈当老师吗？"（回溯）

川川："有呀！"

我："爸妈当老师的时候，你在哪里呢？"（具体事件）

川川："我坐在他们身边呀！"

我："你记得他们说了什么，讲了什么故事吗？"（具体事件）

川川："我记得呀！讲了故事呀！"

我："他们说了什么呀？"（具体事件）

川川接着开始叙述爸妈某一次在课上讲的故事。

如果我在这之后开始进入冰山，就有了充分的故事和事件。

我可以询问川川：

"听故事的感觉怎么样？"

"哪一段话最有感觉？"

"这个故事会让你悲伤、生气、害怕呀！"（上述都是感觉）

"怎么会感到悲伤呢？""喜欢听爸妈讲故事吗？"（观点）

"你以前听过这样的故事吗？"（回溯）

"那是什么样的故事呀，你还记得吗？"（具体事件）

"你希望听见那样的故事吗？"（期待）

"你如果是故事里的人，你希望有人爱你吗？"（渴望）

不只为了解决问题

我带领过一个家长团体，一位妈妈问我：孩子不想上学，该怎么办才好？妈妈希望通过角色扮演，请我示范如何对话。因此由我扮演家长，妈妈扮演儿子。

妈妈扮演："我明天不想上计算机课。"

我的扮演："发生什么事啦？怎么不想上课？"

妈妈扮演："我的计算机作业没有存档，而且计算机课听不懂。"

我的扮演："那怎么办呢？"

妈妈扮演："我就不想去上课呀！"

我的扮演："你不想去上课呀！"

妈妈扮演："对呀！"

我的扮演："不去上课可以吗？"

妈妈扮演："当然不可以呀！"

我的扮演："那怎么办呢？"

妈妈扮演："我也不知道。"

我的扮演："你有问过老师吗？"

妈妈扮演："有呀！老师叫我请同学帮忙！"

我的扮演："你问过同学了吗？"

妈妈扮演："同学都没空帮我呀！"

我的扮演："你希望我帮助你什么呢？"

妈妈扮演："我也不知道。"

我的扮演："你怎么问同学的？我可以知道吗？看看你问同学时发生了什么？同学怎么不帮你呢？这样可以吗？"

妈妈扮演："可以呀！"

对话停在此处，我问妈妈对话感觉如何？妈妈说："感觉很舒服呀！觉得被尊重。但是那不一样啦……不同人讲话，感觉不一样啦！"

我好奇地问妈妈："你讲话时有注意姿态、语态与停顿吗？"

妈妈说："我都有注意呀！"

我问："对话的内容一样吗？"

妈妈说："老师，我跟你说，我也是这样说话的，我们的内容一模一样！"

我确认了一次："是吗？一模一样？"

妈妈很肯定地强调："真的一模一样。"

于是，我邀请妈妈重现与儿子对话的场面，由我来扮演儿子，妈妈欣然同意。

我的扮演："我明天不想上计算机课。"

妈妈："你为什么不想上计算机课？"

我的扮演："我的计算机作业没有存档，而且计算机课听不懂。"

妈妈："哦！这是老问题了！你有去问老师吗？"

我的扮演："有啊！老师叫我问同学啊！"

妈妈："那你问同学了吗？"

我的扮演："问了啊！同学都很忙啊！没空跟我说啊！"

妈妈："你每个同学都问了吗？我不信你每个同学都问了。"

现场的妈妈们听了这段对话，纷纷笑了出来，大概是笑她的对话和我的对话大不相同吧！

练习好奇时很容易踏入误区，忽略了要关心人，而想着要去解决问题。一旦我们想要解决问题，而不是关心人发生了什么、人如何面对困难，就很容易想要导入一个标准答案，因而踏入误区了。

好奇就会有接纳

　　我的工作坊或讲座现场，有时会有孩子出现，我会请孩子当主角，问在场的大人问题，考验现场大人的回应，再请孩子按照内在的感觉以及解决问题的效能打分数。若是大人只是给予答案或道理，孩子反馈的分数往往偏低；若大人使用好奇的方式，孩子反馈的分数大部分偏高。

　　有次在新加坡讲座，一个十一岁的男孩上台，问了大人几个问题。

　　男孩问："为什么学校功课那么多，回到家里大人还要布置功课？"

　　有位老师现场与男孩互动。我将互动的内容写下：

　　老师："学校功课很多吗？"

　　男孩："很多。"

　　老师："你做得完吗？"

　　男孩："做得完。但是都很晚了。"

　　老师："这样会很晚睡觉吗？"

　　男孩："有时候会很晚睡呀！"

　　老师："会影响隔天上课吗？"

　　男孩："有时候会迟到。"

　　老师："迟到怎么办？"

　　男孩："想办法跟老师说。"

从上述的对话中，可明显看出老师失焦了，没能探索到男孩的冰山各层次。

男孩问："为什么学校功课那么多，回到家里大人还要布置功课？"重点应是"回到家里大人为什么还要布置功课？"但老师忽略了家长为何还要布置功课，只聚焦在学校的功课，与男孩展开对话。

我邀请男孩为老师打分数，如果满分是十分，孩子会给老师几分呢？

男孩给对话失焦的老师八分。即使是失焦了，大人在应对问题时如果对孩子保持好奇，孩子的感觉也是好的，因为孩子感觉到被关心与接纳。

孩子又问了一个问题："为什么大人给我们玩的时间这么少？"

我邀请新加坡的邓禄星老师现场示范回应孩子。

邓禄星老师学习萨提亚四年，已经熟练冰山对话，因此对话在孩子的冰山中展开，探索孩子冰山的各层次。新加坡的田园老师为这段对话记录了逐字稿，邓老师的对话如下：

孩子："为什么大人给我们玩的时间这么少？"

邓老师："谢谢你这么勇敢，站在这里为我们上课。你刚才的问题是，'为什么大人给我们玩的时间这么少？'，是吗？"（核对）

孩子："嗯！"

邓老师："你说的大人指的是……？"（核对）

孩子："父母。"

邓老师："你说的'我们'是指……？"（核对）

孩子："我，还有弟弟。"

邓老师："哦！你还有弟弟。所以，你是想问我，为什么爸爸妈妈给你和弟弟玩的时间这么少，是吗？"（核对）

孩子："嗯！"

邓老师："当爸爸妈妈给你们玩的时间少，你是什么感觉？"（感受）

孩子停顿了一会儿："不想做那些作业，因为想玩。"

邓老师："所以你是很想玩，是吗？"（核对）

孩子："嗯。"

邓老师："所以当你想玩，可是爸妈又不让你玩，那你会觉得怎么样呢？"（感受）

孩子："很伤心。"

邓老师："很伤心！"（重复语言）

孩子："嗯！"

邓老师："那同时你也想到一点，弟弟跟你一样啊？"（观点）

孩子："他的功课比较少。"

邓老师："但是你说，爸妈不让你和弟弟一起玩，所以也考虑到弟弟是吗？"（观点）

孩子："嗯！"

邓老师："所以，你很爱弟弟。"（观点）

孩子："因为我很少和弟弟玩，想多和弟弟一起玩。"

邓老师："你玩的时候，需要弟弟跟你一起玩，但是爸妈也不让你跟弟弟一起玩。"（期待）

孩子："因为他先做完，而我还需要做功课。"

邓老师："所以，爸妈不让你和弟弟一起玩，你会生气吗？"（感受）

孩子："有时会。"

邓老师："有时会啊？可是我看着你，现在有很多笑容呀！"（核对）

孩子笑了！

邓老师："你讲到这件事情的时候，你只有生气吗？"（感受）

孩子："我还有伤心。"

邓老师："伤心了，那现在呢？"（感受）

孩子停顿没说话。

邓老师："你想到爸妈不让你玩，你伤心吗？"（感受）

孩子："现在不会。"

邓老师："现在不会？怎么现在讲起来不会伤心呢？"（感受）

孩子："因为现在没有做功课。"

邓老师："你生爸妈的气吗？"（感受）

孩子："会。"

邓老师："那生气的时候，你会做什么？"（应对）

孩子："我继续做功课。"

邓老师："那我觉得，孩子呀，你真是一个很乖的小朋友。爸妈不让你玩，让你做功课，你生爸妈的气，可是你没有做出过分的行为。你还知道要把功课做完。是吗？"（观点、渴望）

孩子："是啊！"

邓老师："你可以给这样的自己一个赞赏吗？"（渴望）

孩子（没明白）："呃？"

邓老师："你会欣赏这样一个能够体谅爸妈的自己吗？"（渴望）

孩子："还可以啦。"

进入对话者的感受

邓老师的对话在冰山的各层次进行，我在对话后面做了标注。读者不妨观察邓老师的路径，看看有没有什么心得，也可与我的对话作比较。

每个人对于冰山对话都有自己的诠释，有自己喜欢的风格。我的冰山对话学习自贝曼老师，我曾仔细观察贝曼的对话，也刻意练习贝曼的对话路径。从刻意模仿与练习开始，到走出自己的路径，感觉对话逐渐成熟，经历了将近十年的时间。重新看贝曼的冰山对话，我能辨别贝曼喜欢的路径，那是他个人的长项，也看见自己的路径，从而有一种美丽的体悟。

我设想贝曼的对话路径，大概会在"感受"上工作，从孩子的伤心切入，分辨出难过的层次，除了难过自己没办法玩耍，也难过自己会分心，进而切入如何为自己"负责"。

贝曼的冰山路径，需要让对话者在"感受"上进入。有深刻的体验性，才能分辨出难过的不同层次。

邓老师与男孩的对话，也在"感受"上着力甚久，这也是我喜欢且重视的方式，从此点可以看出贝曼、我与邓老师同出一脉。邓老师在"感受"上的工作，除了在现场他可能有时间压力之外，我还有两点观察：

其一是孩子并未真正进入体验。孩子虽然"说"了感受，但是并未说当下体验到的那份感受。若是未进入孩子的感受，就不容易深入冰山。渴望的层次亦然，如果孩子未体验到渴望的层次，也很难联结自己的生命力。所谓体验并不一定是要落泪，而是要进入体验的情境。萨提亚发展出雕塑的技术[1]来呈现各种应对姿态，正是因为人们可以通过雕塑的方式迅速进入体验。萨提亚模式是体验模式，那也是让人得以改变的关键。

其二是因为未进入感受，邓老师的问话方向失焦了。所谓失焦的意思，是失去了目标。邓老师想要将这个对话带到哪里去呢？他在认知上很清楚对话要通往渴望，因此邓老师的对话，从"你可以给这样的自己一个赞赏吗？"到"你会欣赏这样一个能够体谅爸妈的自己吗？"都是在渴望层次工作。然而感受层次的体验未进入，孩子没有跟上来，渴望层次的体验就更不易了，且进入渴望层次太匆促，孩子仅在"观点"上回应或虚应，不会有实质上的转化出现。

1　家庭雕塑技术：在空间中摆置家庭成员的肢体与距离的形态，以反映案主眼中家庭成员的关系。这种生动、戏剧化的方式能展现家人间的亲疏及沟通姿态。

生活化的脉络有助于进入冰山

贝曼的教学对象是心理咨询师，因此冰山对话是萨提亚学派心理咨询师的基础素养。据我所知，冰山理论的框架是贝曼依据萨提亚女士的理论归纳建构而成的。我重新看萨提亚的录像带，发现她的对话与贝曼不完全相同，有不少对话更生活化。当我运用冰山对话时，意识到需要更生活化的脉络。所以在进入冰山之前，我会从以下三个方向进行对话：

1. 不关注问题的解决，而是关注人本身。
2. 回溯时间，探索问题的成因。
3. 询问具体事件，在细节处提问。

以上对话脉络，也适用于一般大众。

我在邓老师示范完之后，接着示范与孩子的对话，在介入孩子的冰山时先展现对人的关注、回溯时间、还原具体事件，再导入冰山就会容易多了。以下是我与孩子的对话，也是由田园老师为我记录的逐字稿：

阿建："孩子呀，我想问你一个问题。这几天，爸妈有不让你玩的时候吗？"（回溯）

孩子："没有，因为是假期。"

阿建："你想一下这个问题，最近不让你玩，是什么时候呢？"（具体时间）

孩子："假期前。"

阿建："假期前多久呢！你还记得吗？"（回溯）

孩子："忘记了！"

阿建："你都忘记啦？爸妈对你说了什么？爸妈怎么说你的？"（具体事件）

孩子沉默。（此处孩子的停顿甚为重要）

阿建："爸妈怎么说你的，你还记得吗？从学校回到家，有功课。他们让你去写功课，不让你玩，是吗？"（重述细节）

孩子："嗯！他们说写完功课再去玩。"

阿建："所以你要问的是什么呢？你希望还没有写完功课就去玩，还是……？"（期待）

孩子："在做功课之间休息时，可以多玩一会儿。"

阿建："哦！是你功课做到一半时，希望可以休息可以玩哪！"（期待）

孩子："希望可以玩久一些。"

阿建："现在还会和弟弟玩很久吗？"（回溯）

孩子停顿一会儿："有过，但是后来很少了。"

阿建："后来很少啊？那是怎么了？"（事件）

孩子："爸妈有允许我们玩十到十五分钟。"

阿建："对你而言，这样子算久吗？时间够吗？还是希望再长一点？"（期待）

孩子："很短！"

阿建："那你希望多久呢？"（期待）

孩子："半个小时。"

阿建："哦！那爸妈答应过吗？从小到大？"（期待）

孩子："有时候有的。"

阿建："我想问的是，他们在什么时候答应的？发生了什么让他们会答应让你玩半个小时？"（具体事件）

孩子："比较小的时候。"

阿建："比较小的时候呀！那又是发生了什么事情，让他们从以前到现在有了一个变化呢？"（观点）

孩子："因为现在功课比较多，所以要赶快做完。"

阿建："哦！功课比较多了。你做得完吗？"（期待）

孩子："做得完。"

阿建："你会做得很快吗？"（期待、观点）

孩子："不会。"

阿建："发生了什么事？你做功课会比较慢，是功课多了，还是你做的时候会分心，还是……"（事件、观点）

孩子："会分心。"

阿建："会分心呀！你喜欢这样吗？"（期待、观点）

孩子："呃……不喜欢。"

阿建："那你有问爸妈怎么办吗？"（应对）

孩子："呃，没有。"

阿建："你想改变吗？想改掉这个分心的习惯吗？"（期待）

孩子："想啊！"

阿建："你想呀！"（重述）

阿建停顿了一下："××，我想问你一个问题：如果你很快地做完功课，你就可以玩了，是吗？"（观点、期待）

孩子："呃，对！"

阿建："假设你做功课时，可以不分心，我想帮你不分心，你想要吗？"（期待）

孩子此时沉默了（此时的停顿我认为很重要，当孩子有了觉察，才会意识到自己想怎么解决，而停顿是觉察重要的一部分）。

阿建："我想到一个方法可以帮你，你想要吗？让你做功课时可以不分心。然后做完了可以去玩。你爸妈会允许吗？"（期待、观点、核对）

孩子又停顿一下："应该会吧。"

阿建："应该会呀？如果我提出一个方法，你要吗？"（期待）

孩子："要！"

阿建："谢谢你，你是一个这么认真的人啊！"（观点、渴望）

我会继续好奇的是：

"你分心的时候，有人会对你唠叨吗，或者教训你？"（探索他人的应对姿态）

"爸妈对你唠叨的时候，你会有什么感觉？"（感受）

"当你很烦的时候，你做了什么呢？"（应对姿态、事件）

"当你很烦的时候，你就更不想写功课呀！你是故意的吗？"（观点）

"是发生了什么让你不想写功课呢？"（观点）

"当你拖着不写功课，爸妈骂你的时候，你会有什么感觉呢？"（感受）

"当你被爸妈骂，而功课又很晚才写完，你怎么看待自己

呢？"（观点、渴望）

"你想要改变这样的状况吗？"（期待）

"发生了什么，让你还是愿意专注呢？你的内在有一股不放弃的力量。"（渴望）

"你会怎么样看待不放弃的自己呢？"（观点、渴望）

邓禄星老师此时提问："大人是否要有解决分心的方法，才能帮助分心的孩子？"

若是老师能协助孩子懂得专注而不分心，协助孩子专注以对，那是最好的状况。若是老师不懂如何解决分心，单单凭借着"好奇"，也能对孩子有所帮助吗？我的答案是肯定的，因为好奇的对话会为对方带来觉察，觉察自己的责任。

若不使用冰山的脉络，也不懂解决分心的方法，只要好奇孩子的处境，就会给孩子带来影响。比如，我的好奇会这样进行：

"我很好奇，你什么时候会分心？"

"你知道你当时分心了吗？"

"你分心的时候会做些什么事呢？"

"当你知道自己分心了，会立刻让自己专心吗？"

"我很好奇，你知道自己应该专心，然而发生了什么事，你知道自己已经分心的时刻，却没有立刻专心呢？"

"你想要改变吗？"

"你可以怎么帮助自己呢，当你知道自己分心的时候？"

这样的对话，让孩子觉察、意识、聚焦且逐渐体验分心，就会带来不同的结果。但是必须说明的是，单纯的好奇与冰山的好奇，不只是问话脉络不同：冰山关注的不是解决问题，而是一个人面对问题时，内在发生了什么，受到了什么冲击。冰山对话能更深刻地帮助人。

对话中充满好奇，能让孩子感到舒缓，有助于孩子感到被接纳。若进一步运用好奇理解孩子，也有助于孩子觉察，孩子会意识到自己的责任，这就是改变的开始。

邓禄星老师听完我的解说，转头问这男孩："这样的对话，对你有帮助吗？"

孩子点点头说："我会想要专心。"

我视"好奇"为对话里的基本功，邀请众人大量练习好奇，就能让大家渐渐学会如何好奇，提问就能越问越好，也就越来越容易沿着冰山的脉络，穿梭悠游于宽广深刻之境。

对话是改变的开始

我的对话就示范到这里。通过好奇与核对，进入观点与期待层面的探索，厘清孩子的状况，这样探索和了解孩子，会知道孩子不想分心，想要专注地学习，了解孩子对自己的期待与大人对孩子的期待其实是相同的。如果不好奇孩子的状况，常会形成亲子之间的对立。

若是继续对话，进入冰山脉络，有助于孩子解决根源的课题，探索分心对内在的冲击，进而觉察自己的责任，改变自己的应对方式。

娴熟于冰山对话的人，只要一点点信息，就能进入对方的冰山。然而这也有前提，那就是彼此都知道要去哪里。通常在心理咨询中，双方都有默契要探索困难，要踏上一趟内在的神圣旅程。然而萨提亚模式也是一个生活的模式，从生活对话走入冰山，需要对话者愿意带着爱，多给予一些关怀、多了解一些信息。这样，进入冰山对话会较容易，也较易接纳彼此。

田园老师的反馈

田园老师任教于新加坡辅华小学，参加过我的冰山工作坊，学习萨提亚模式颇有心得，她的上课笔记与反馈甚为丰富。我节录一小段，并附上说明：

"阿建老师用一个十字轴，把冰山和生命历程形成网状结构，冰山是纵轴，个人生命历程是横轴（崇建按：透过冰山纵向的问话，比如，从事件到感受，从感受到观点，从感受到期待，从观点到期待，都是纵轴的直线进行。横轴就是回溯，冰山的每个区块，都有其回溯的历史，因此是横向的探索。两者交织成网状结构）。在生命历程上可以加上原生家庭和影响论（崇建按：这也是萨提亚模式的工具），我们就能从每一个点出发，去彼此连线，形成一个绵密的大网。在这个网里，用好奇提问，去关心人，然后再解决问题。"

第五章

开展——深入冰山路径

在冰山各层次的探索，
有助于一个人觉察自己，
觉察自己真实的状态。

我在本书第一章呈现了冰山对话是探索一个人的内在最简单的方式，也在前一章介绍了"好奇"，以及如何刻意练习"好奇"并顺利展开对话。以可盟的例子来说，我的探索是为了关心和了解可盟，不是以解决问题为主，因此对话不会执着于事件。在可盟的冰山各层次穿梭，不仅能使我更了解可盟，或许也能让可盟更了解自己。

一般人的对话执着于解决问题，也就不会产生好奇，更无法探索可盟的观点、期待、感受与渴望，只会在问题有无解决上面打转。然而事实上，问题大部分难以解决，或者如打地鼠一般，这里仿佛解决了，那里的问题又冒出来了。

冰山对话的运用效果甚是惊人，除了可以用在前面几章介绍的基础对话中，更能让人在各种各样的对话中产生觉察，也能深入问题的核心。以下是几个例子。

空白的记忆

有一次，我举办了一个为期三天的工作坊，邀请学员回家做功课，以"全然的好奇"进行对话。学员若是对话顺利，可以试着练习从一个事件回溯到与之相关的最初经验，看看它是如何形成的，并以此探索自己的成长轨迹。

洪老师隔天反馈，回家之后他成功尝试了"全然的好奇"，但是一旦要回溯早期经验他就完全记不起来，画面一片空白。洪老师询问这是否与负面的童年经验有关，因为负面童年经验常使人遗忘早期记忆。

我因此与洪老师展开对话。这一段对话很有意思，我记录如下：

洪老师："我过去的记忆一片空白，完全记不起来！"

我："你完全记不起来吗？"（事件）

洪老师："对呀！过去发生的事情，我总是记不起来。"

我："当你提到记不起来时，有什么感觉？"（感觉）

洪老师："没有特别的感觉，就很一般的感觉。"

我："你说自己总是记不起来呀？"（重述事件）

洪老师："对呀！"

我："是什么时候开始的事件记不起来呢？"（事件）

洪老师："我常常都记不起来，尤其是六岁以前，记忆都是空白。"

我："老师……我很好奇……"

我在此处停顿较久，用宁静而专注的语态问："那你想要记起来吗？"（期待）

洪老师的脸色竟然倏地变了，并未回答我的问题。

我："当我问你想要记起来吗，你的内在发生了什么？此刻你有什么感觉？"（感受）

洪老师缓慢地说："很有压力。"

我："能不能说说你的压力？"（感受的感受）

洪老师："我很怕记起那些记忆，那些记忆让我有压力。"

我："那你想记起过去的那些记忆吗？"（期待）

洪老师停顿了一下，缓缓摇摇头说："不想。"

我："你还记得发生的那些事情吗？哪些记忆让你害怕？"（事件）

我与洪老师的对话让在场的学员甚感好奇。原来，洪老师是自己决定"不要记得"的，但是他自己并没有觉察。为什么会有这样的情况呢？因为人的大脑分为理性脑和情绪脑，理性脑为了求生存而打压情绪脑，理性脑已经形成惯性会忽略情绪脑的声音。这就仿佛很生气的人说自己没有生气，只是说话比较大声，那意味着理性脑欺骗了自己。可能在他的成长过程中被教导"人不该生气"，因此当自己生气了也不能觉察、不会承认自己生气了。

理性脑的惯性使洪老师以为自己不记得过去了，殊不知这是绕过了情绪脑的"生存应对策略"。当我专注一致地问话，从期待处慎重询问，洪老师的情绪突然有了意识。我再切入感受询问，让情绪与理性整合，洪老师才觉察了自己的生存应对策略，是自己决定遗忘记忆。

这里必须说明的是，除了问话的路径之外，问话者的姿态是否宁静、和谐，也相当重要。

洪老师的反馈

阿建老师用非常专注和谐的态度，引出我自己潜在的信息，神奇的事情就这样发生了，我觉知到了自己。觉知到了那个决定让我没有记忆的自己。一个和谐的、没有设定目的性的谈话，却往往最具有沟通的实质意义。

"我没有生气，只是觉得遗憾"

再举一个例子。一群人聚在一起聊天，聊到了房地产。小琳的爸爸留下一块地，正被市政府重划，需要选择重划后的位置。因为小琳的爸爸年事已高，家人也疏忽做选择的时间了，重划后的位置不甚理想，小琳谈到此处声调提高，表情甚为愤怒。

友人问她："你是不是在生气？"

小琳眉头皱起来了，焦躁地回应："我没有生气。"

友人："但是你看起来是生气的样子。"

小琳表情更愤怒，语气也更愤怒地回应："已经跟你说过了！我没有生气。"

众人一阵沉默，小琳才又懊恼着："我怎么会生气？如果我生气了，就是在责怪爸爸，怪他没处理好土地重划？爸爸年纪这么大了，我怎么可以怪他？"

大伙儿为避免尴尬，还是沉默着不说话。小琳最终用一句话终结对话："我没有生气，我只是觉得遗憾而已。"

以旁观者角度看小琳，她的言行的确是生气的表现。这是日常生活中我常遇见的状况：有情绪的人常说自己没有情绪。对话的双方不懂如何觉察、接纳，不懂平静地探索彼此，一场对话往往酝酿成双方较劲，更严重的就是冲突。

当小琳生气地诉说时，如果友人能以和谐的态度、接纳的语言关怀小琳，比如："当说到土地重划的事件，你感觉不舒服吗？因为你看起来有一点激动。"这样的问句比较中性，带着关怀的探询，而且加上了具体的描述。"我"的观察有助于对话的人觉察。"因为你看起来有一点激动。""你感觉不舒服吗？"或者"你在生气吗？"都在探寻冰山水面之下那个关于感受的层次。一般人很少觉察感受，感受层次也甚少成为对话主轴。有些人很不愿意谈及自己的感受，若有人询问感受，通常会避开，回答观点、期待或者事件，因此对话的人更需要专注和耐心。

此处可以比较两种感受的对话："你感觉不舒服吗？因为你看起来有一点激动。"这是一句关怀的语言。"你是不是在生气？"或者"你在生气吗？"则让当事人感觉被指责，因而更生气。

以接纳的语言应对

亲子之间也常有此种状况，因为情绪于内在暗暗流动，双方对话渐渐成了较劲，最终不欢而散。如果小琳的友人懂得冰山理论，就能够觉察自己的内在，让自己更和谐稳定地接纳小琳的状态。

如果友人询问："你有感觉不舒服吗？因为你看起来有一点激动。"小琳就更有机会去觉察、承认自己的不舒服。假设小琳承认自己的确不舒服，友人可以继续探索："这个不舒服是什么感觉？""这个不舒服是生气吗？"……像这样循序渐进的方式，更能贴近小琳的内在，一方面可以了解小琳，另一方面也让小琳理解与接纳自己。

为何问"你是不是在生气？"或者"你在生气吗？"会让当事人感觉被指责呢？我试着推论如下：

小琳说自己并未生气，可能是因为她视生气如禁忌，才想方设法否认、解释："我没有生气。"

小琳否认的过程，应与其成长的经历有关：她的家庭可能视生气为禁忌？或者曾有与情绪相关的经验，使得小琳在生气时心里还有一个声音，不允许自己生气。

小琳在生气的时候，会感觉很懊恼。"生气"是小琳的感受，但小琳否认这个感受，"懊恼"就成了感受的感受。也就是说，当小琳生气的时候，她也为自己的生气感到懊恼。

如果小琳能够沉静下来，就可以感觉自己的情绪：懊恼、悲伤、沮丧、生气、无奈。如果她懂得冰山理论，就能在冰山图上描绘自己的内在。

小琳的内在冰山

让我们再整理一下小琳的内在冰山：

事件：家里的土地正经历重划。

感受：生气、无奈。

感受的感受：懊恼、悲伤、沮丧。（当我感到生气时，对生气的情绪感到懊恼，因为"我怎么可以生气？"当我感到生气时，对生气的情绪感到悲伤、沮丧，因为"我对爸爸生气，就是不孝顺"）

观点：我不能对爸爸生气、我怎么可以生气、我应该对爸爸孝顺、天下无不是的父母、我应该心平气和。

期待：我期待自己能解决一切、我期待家人能负责、我期待爸爸不要出错、我期待自己是懂事的女儿。

渴望：我是个有价值的女儿、我是值得被爱的、我能接纳自己的一切、我的存在是有意义的。

小琳若懂得冰山理论，能探索自己的冰山，就可以罗列出如下问句：

"我可以生气吗？""我如何看待自己的生气？"（探索感受的观点）

"什么时候开始，我不允许自己生气呢？"（探索生气观点的形成）

"我以前生气的时候，爸爸妈妈怎么回应我呢？"（探索生气观点的形成）

"当我还是个孩子，遇到生气的情况，爸妈是否责骂、教训、

忽略、惩罚过我？我期待爸妈怎么样对待我？"（探索孩提时的期待、爸妈对自己的期待，也探索自己的渴望）

"虽然我不想责怪爸爸，但我可以责怪爸爸吗？如果我内心责怪爸爸，是否代表爸爸不好？我是否在行为上不够礼貌？如果我承认了自己在责怪爸爸，我是否能接纳爸爸没做好？"

在冰山各层次的探索，有助于一个人觉察自己，觉察自己真实的状态。比如觉察自己真的生气了，进而探索自己的成长历程，能对自己感到尊敬，也解放自己被囚禁、不被承认的情绪，就能让自己成为更自由的人。

通过冰山的探索，小琳可以更了解自己，整合情绪与理性，为自己重新做决定。

深层的冰山路径

冰山理论看起来简单，却有繁复的线索以及复杂的使用方式。

若能在更深层次上运用冰山，进一步熟悉冰山，除了懂得探索、核实与体验，让彼此更理解之外，还能通过冰山对话转化童年的创伤。俗谚云："一朝被蛇咬，十年怕井绳。"冰山对话能让人不再害怕草绳，从过去的受伤经验中转化。转化的要素包含了当事人的资源（内在的能力）和渴望。但是本书聚焦在冰山的运用上，呈现的是基础的使用方向，以便有兴趣的教师、家长和各领域的伙伴能够了解冰山的使用。

冰山运用的层面甚广，从个人成长到亲子、师生、班级经营、职场互动、运动选手增能、企业员工增能，都非常适合。

有人可能会问，冰山不就是一张图表？将几个层次列出来，为何能有那么强大的力量呢？

原因之一是人们日常的谈话，往往聚焦在事件的"对错"，并非真正探索"人"。而冰山呈现了人隐藏的各部分，能够探索一个人的内在。

原因之二是人们谈话时，往往聚焦在事件本身，而不是聚焦在事件对人的冲击上。因此当对话转向事件对人的冲击，那便是甚少有人讨论的路径。

原因之三是冰山的探索有各种不同的方向，比如，发生了一件事——孩子不上学，那么对家长的冰山探索，可能会这样进行：

"孩子不上学，你的感受是什么？"（事件→感受）

妈妈："我感到很生气。"

"你怎么看待孩子不上学？"（事件→观点）

妈妈："学生就应该乖乖上学。"

"孩子不上学了，你的期待是……？"（事件→期待）

妈妈："我期待孩子不要那么烦，老是找我麻烦。"

"当孩子不上学了，你对自己的感受是什么？"（事件→渴望）

妈妈："我觉得努力都白费了，这么辛苦很没意义。"

这个路径是顺着"感受、观点、期待、渴望"一路问下来的，本书第一章提过，冰山仿佛一把吉他，先是顺着弹奏 do re

mi fa so la si do，当你熟悉了以后便可以弹出莫扎特、贝多芬等名曲的音符与曲调。

弹奏不同的曲调有何意义呢？

让我们回顾上面的探索过程。这个探索的基准点是以"事件"为主轴，因此探索的路径是：事件产生的"感受"、事件产生的"观点"、事件产生的"期待"、事件产生的"渴望"。

如果将路径更改一下，也将探索的基准点变动一下，看看会有什么事情发生？

"孩子不上学，你的感受是什么？"（事件→感受）

妈妈："我感到很生气。"

"当你感到生气的时候，你做了什么？"（感受→事件）

妈妈："我把孩子留在校门口，自己转头就回家了。"

"当你转头就回家了，你的感受如何？"（事件→感受）

妈妈哭了："我感到很难过！"

"你的难过是……"（情绪→渴望）

"我觉得自己不是个好妈妈，将孩子丢在那里，我很糟糕……"

上述两段对话，是我工作坊中学员的一段问话，以及我的一段问话。两段问话的基准点不同，路径也不同，但是最后的目标相同，都是帮助对话的人觉察、了解自己，并且为自己负责。

路径的转换

有个女孩出国前生病了，很慌张、很焦虑，担忧自己能否出国。

亲友问她，她只说自己很焦虑，希望赶快好起来。

这些问话，都是以"事件"为基础而得到的结果，可能无助于女孩成长，也无助于解决问题。

如果按照冰山的脉络，探索女孩的内在，就会是这样：

我："你此刻感觉怎么样？"（事件→感受）

女孩："焦虑、担心，还有害怕。"

我："哪一个感受多一些？"（感受）

女孩："害怕。"

我："能不能说说你的害怕？"（感受）

女孩："我害怕不能出国。"

我："如果不能出国的话，你有什么感觉呢？"（事件→感受）

女孩哭起来了："我感到很难过。"

我："你难过什么呢？"（感受）

女孩："我在想自己是不是做错了什么？"

我："为什么说是做错了什么呢？"（观点）

女孩："我是不是做错了什么，上天才惩罚我生病？"

我："这种想法什么时候有的？"（观点）

女孩："小时候我如果生病，爸妈都会说因为我不乖，所以老天爷惩罚我。"

我："小时候的你怎么想呢？"（观点）

女孩："我觉得自己没有错呀！"

我："被惩罚时你觉得自己是什么样的人呢？"（观点→渴望，此处可以看见女孩的观点，是小时候父母的教养方式所塑造的）

女孩："我觉得自己很糟糕！"

我："现在呢？发生什么事了？怎么还会觉得自己被惩罚呢？"（观点）

女孩："好像没什么事需要被惩罚，只是那样的想法还在心里。"

我："会觉得这样的想法有一点荒谬吗？"（观点、感受，厘清观点，重整感受）

女孩："现在想想觉得蛮可笑的。"

我："当你这样想的时候，内在是什么感觉？"（观点→感受）

女孩："现在感觉轻松多了，焦虑也少了很多。"

从上述的对话中，可以看见我在感受、观点、事件上来回探索，女孩因此觉察内在不安的缘由与过去父母的教养有关。过去父母的影响仍在，但如今她长大了，可以重新为自己做决定。我的对话路径是在感受上来回探索，那是我很习惯的方式。而每一个人对话的路径不同、基准点不同，会带来不同的风景，个人问话的风格也因此形成。

关于冲突的冰山探索

当亲子、夫妻、师生、上下级之间发生冲突，或者对他人有所要求，想要传达自己的想法，就可以使用冰山理论，帮助彼此理出脉络，觉察内在的冰山，也检验自己的应对是否真如自己所愿。还可以进一步探索改变自己的应对模式。

比如，孩子玩电子游戏，已经超过约定时间，父母亲希望孩子去做功课，会怎么跟孩子对话呢？

父母不妨根据过去与孩子互动的过程，记录自己的冰山和孩子的冰山。我把父子的冰山图分别画出，放在下页。

以玩电子游戏的例子而言，假设父亲的应对语言是：

"都几点了，还在玩！再不关掉，我就再也不让你玩了。"
孩子的回应："好啦！你真烦！"

父亲和孩子的冰山各是怎样呢？

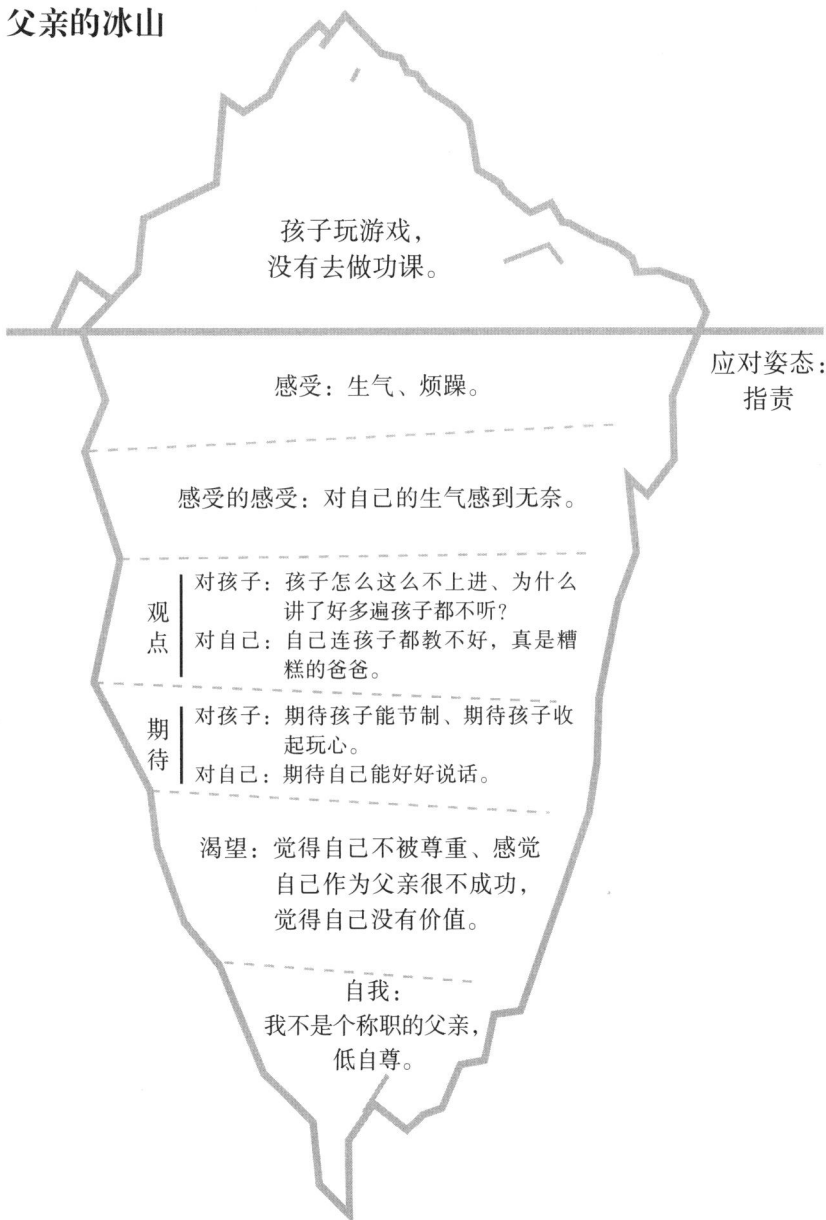

父亲的冰山

孩子玩游戏，
没有去做功课。

感受：生气、烦躁。

应对姿态：
指责

感受的感受：对自己的生气感到无奈。

观点　对孩子：孩子怎么这么不上进、为什么
讲了好多遍孩子都不听?

对自己：自己连孩子都教不好，真是糟
糕的爸爸。

期待　对孩子：期待孩子能节制、期待孩子收
起玩心。

对自己：期待自己能好好说话。

渴望：觉得自己不被尊重、感觉
自己作为父亲很不成功，
觉得自己没有价值。

自我：
我不是个称职的父亲，
低自尊。

孩子的冰山

玩电子游戏，
爸爸叫我关掉写功课。

应对姿态：
指责

感受：生气、烦躁、沮丧。

感受的感受：对自己的生气感到焦虑。

观点
对父亲：爸爸总是很啰唆、爸爸都不相信
我、爸爸就是不准我玩游戏。
对自己：自己就是无法脱离电子游戏、
自己也许不值得尊重。

期待
对父亲：期待父亲相信自己、期待父亲
好好说话。
对自己：期待自己不要沉迷电子游戏。

渴望：
觉得自己不被尊重、
觉得自己没有价值。

自我：
我不是一个好孩子，
低自尊。

冰山图省思

当呈现出两个人的冰山之后，不妨趁机问问自己，是否觉察了原先未觉察的部分？这些部分包括应对姿态、感受、观点、期待与渴望。

不妨写一下冰山记录，或者写成冰山日志，并且回溯一下这些经验：孩提时的自己是否有同样的经验？

检视一下孩子的冰山，是如你所期待，还是朝向了一个更糟糕的处境？再试着调整自己，看看什么样的应对能让孩子朝着更丰富、更有力量、更棒的方向前进？

请读者对照前面列出的冰山图，找一个事件，看看自己的应对方式。冰山图中的感受，我列出了一串；观点的层次，我也简单列出几则，方便圈选核对。通过冰山图，可检视自己的冰山是否在往好的方向前进，是否能达成预期的目标，以及如何进行觉察与修正。

在冰山的探索上，不妨列出多一点路径。可以以事件为基础，延伸到感受、观点、期待、渴望；可以以感受为基础，延伸到观点、期待、渴望、事件；也可以以观点为基础，延伸到冰山各层次。以此类推，探索自己与对方的冰山。

第六章
成长——追求自我

萨提亚模式是体验性的模式，
着重体验，而非头脑的认知。
因此我不是说服她，也不是与她说理，
而是帮助她觉察。

通过冰山对话，帮助对方觉察自己，进而与自己的渴望联结，为自己负责任——这是我打开孩子内在，与孩子联结的方式。当我更了解孩子，孩子也会更了解自己。

小玟是个美丽的中学生，内在纯真，外在靓丽，但她看不见自己的美丽，似乎也并不懂得自己。只要有人称赞她美丽，她便会回一句"屁啦！"似乎不能接受别人称赞。我是小玟的老师，带过她几堂作文课。小玟有天主动来找我，理由是她没有目标。下面就是我和小玟的对话。

与小玟的冰山对话

小玟："我没有目标。"

我："你没有目标呀？"（重述，重述也有核对的意思）

小玟："对呀！"

我："你来找我，想要得到什么呢？"（核对，为我们的谈话

设定目标）

小玫："我想要有目标。"

我："你以前有目标吗？"（回溯她的经历，了解为何提这个话题，这样才能了解她到底怎么了）

小玫："有。"

我："什么时候开始没目标的呢？"（回溯她的经历，有助于发现问题出在哪儿）

小玫："上了初中以后。"

我："小学时有目标吗？"（核对问题发生的时间，探索发生了什么事）

小玫："有。"

我："小学时的目标是什么呢？"（核对）

小玫："考上好的私立初中！"

我："你达成了吗？"（核对）

小玫："我考上了呀！"

我："初中以后就没有目标了吗？"（核对）

小玫："对呀。"

我："发生了什么事，初中就没有目标了？"（探索具体事件，了解发生问题的根源）

小玫："因为初中很无聊呀！"

我："你现在学习好吗？"（回到此刻的具体事件，她提及小学目标是考上好的私立初中，因此问话聚焦在学业）

小玫："不太好。"

我："上次班上段考，你考第几名呢？"（在具体事件的细

节里确认）

小玫："四十四名。"

我："你考四十四名的时候，内心是什么感觉呢？"（感受）

小玫："没有什么感觉。"

我："什么感觉都没有吗？"（核对感受）

小玫："没有。"

我："你允许自己有感觉吗？"（观点，探索她如何应对，是否和自己联结。因为一般考不好，应该感觉失落，但是她说自己没有感觉）

小玫："允许呀。"

我："你也允许自己生气、难过吗？"（观点，此处我有很多好奇，因为她说允许自己有感受，但是当考不好时，没有感觉到自己的感受）

小玫："允许呀。"

我："但是你考四十四名，没有感觉呀？"（核对，再次确认她的感觉）

小玫："没有感觉。"

我："我们探索一下好吗？"（感受，邀请她与自己联结。冰山对话在路径上有很多变化，我也经常变换不同的对话路径，但我最在意感受。让对话者的思维与感受联结，是我在冰山工作中很重要的一部分）

小玫点点头。

我："请你想象自己收到四十四名考卷时的情景。你当时的感觉好吗？"（感受，我邀请她体验感受时，重述了考试的成绩，

这样会比较贴近唤起感受）

小玫："我就没有感觉呀！"

我："嗯。我只是探索一下，你深呼吸一下，别这么快回答我。你已经来找我了，我们只是探索看看，可以怎么往前走，好吗？"（核对，我在这儿重新核对我的工作，并且邀请她慢慢来。若是不慢下来，她的感受会被思维主宰，我和她就无法觉察她自己真正的感受）

小玫："嗯！好呀！"

我："邀请你回想一下，你知道自己考了四十四名，当时有什么感觉？会生气吗？"（感受，再次重述事件，让她专注体验）

小玫："不会。"

我："别回答我。我要你体验这个感觉，看看会有什么样的感觉，好吗？"（继续探索感受。通常孩子会很快速回答，但快速回答意味着用头脑理解，而不是用心体验情绪）

小玫："好。"

我："邀请你回想一下，当你知道自己考了四十四名，当时有什么感觉？会生气吗？会害怕吗？会焦虑吗？会难过吗？"（感受，我将各种感受罗列出来，供她选择，这是在人们体验不到感受时，我习惯用的方式）

小玫："都没有。"

我："谢谢你……邀请你再深呼吸，感觉一下，当你考了四十四名，身体哪里会有感觉？"（感受，心里的情绪感觉不到，我常让孩子感觉身体，再回到情绪上，因为身体的感觉比较容易）

小玫："胸口有点儿紧。"

我："将手放在胸口上，感觉胸口的紧绷，可以吗？"（接纳自己的身体感觉，通过身体感觉启动被忽略的情绪）

小玫："嗯！"

我："深呼吸之后，在心里告诉自己：'我感觉自己胸口紧绷，我愿意承认胸口是紧绷的。我愿意允许，也接纳自己的胸口是紧绷的。'"（探索感受，自我整理，也引导对话者将思维与情绪整合）

小玫闭起眼睛，身体微微颤抖，眼泪缓缓地流出来。

我："你流泪了，这个眼泪是代表什么呢？"（感受、观点，当她的身体在说话，我引导她看见情绪）

小玫："不知道。"

我："你不知道自己的眼泪呀？看来你不大关心自己，是吗？"（感受、渴望，看见她不了解自己，目的是让她与自己联结）

小玫："我不知道。"

我："没关系。你深呼吸一下。"（我觉察她的思维与感受没有联结。先要将目标定出来，才知道我们要去哪儿。所以我请她深呼吸，缓和情绪，我要与她定出目标）

小玫深呼吸。

我："你想要考试考好吗？想将学业设定为短暂目标？"（核对，对话有目标很重要，有了目标，才知道我们要去哪儿）

小玫："不想。"

我："不想以读书为目标？怎么说呢？"（期待，由此可见，她不是来找我解决学业问题的，起码思维不是这样想的，若未在此处核对期待，我们的对话就没有方向了，可能会流于各说各话）

小玫："考试考好有什么用？将来还不都是要工作？"

我："嗯……那你回家还有读书和做学校的功课吗？"（事件，小玫谈的是她的观点，我要看看这个观点是否影响了她的行为。若是内在认同这个观点，她应该不会读书了）

小玫："有呀！"

我："你不是不想以功课为目标吗？怎么回家还念书呢？"（核对，此处是挑战她的观点与行为，目的是带出她的觉察，清晰地承认自己期待什么）

小玫："没办法，我是学生呀！而且不读书，妈妈会生气。"

我："你每天读书多长时间呢？"（核对，帮助她弄清，也帮助我弄清，她的冰山内在，和外在行为是否一致）

小玫："三个小时吧。"

我："这么久呀？"（这里我得到了一个特别的答案，因为她不想以读书为目标，回家却读书三个小时，对我而言这是很有趣的信息）

小玫："对啊！"

我："每天读这么久的书不累呀？"（感受）

小玫："还好。"

我："你三个小时中，专注的时间有多久呢？"（核对，我的好奇在于，读三个小时书，怎么才考四十四名呢）

小玫："大概半小时吧！"

我："半小时也蛮久的，很不容易啊！有这么久的时间呀！"（核对，在我的认知中，每天读书半小时，应该也不会四十四名吧！因此再与她核对）

小玫："应该不到吧，大概只能专注十分钟。"

我："那其他时间都在做什么呢？"（探索事件）

小玫："看漫画呀，还会做其他事。"

我："爸妈不会对你唠叨吗？"（探索父母的应对）

小玫："会呀！他们说我没有目标。"

我："嗯！那我明白了。发生了什么，让你只能专注十分钟？"（具体事件，让她觉察自己，也让我了解她发生了什么事）

小玫："我会分心。"

我："你喜欢分心吗？"（探索她的观点、期待）

小玫："当然不喜欢！"

我："那你想要不分心吗？"（期待，为我们的对话归纳目标）

小玫："可是我做不到。"

我："我只是问你想不想，没问你是不是做得到呀。"（期待，与她澄清我只是在问期待）

小玫："可是我就是做不到呀！"

我停顿了下来，很缓慢地问："小玫，当你来找阿建老师，阿建老师有责备你吗？"（渴望，与小玫讨论事实，让小玫感受到我的接纳）

小玫摇摇头说："没有。"

我："阿建老师有要你加油吗？"

小玫："没有。"

我："因为那些对你没帮助。你说你没有目标，我是来陪你往前走，不是吗？"（核对期待且联结渴望）

小玫的眼泪又流了下来。

我："你是不是怕自己考不好，因而也不想以读书做目标？"（期待，确认她的期待——我们要通往哪儿？探索她卡住的地方）

小玫："不知道。"

我："当你考不好的时候，你怎么看待自己呢？"（观点，前句探索她卡住的点，她尚未有觉察，而此问句已联结感受，再回到对自己的观点比较容易得到答案。这是冰山对话的奥妙）

小玫此刻又流泪了："觉得自己很糟糕。"

我："你的眼泪是什么？是难过吗？"（感受，我要整合她的自我，先让自己的观点与感受联结）

小玫："应该吧……"

我："你难过什么呢？"（感受，再次让观点与感受整合）

小玫："我就是做不到，觉得自己很差劲。"

我："你主动找我询问，你不觉得自己很勇敢吗？"（渴望，联结她的资源，让她看见自己）

小玫摇摇头："不觉得。"

我："学校那么多人听我演讲，上过我的课，只有你一人来找我，你不觉得自己有创造力，也很勇敢吗？"（渴望，联结她的资源，让她看见自己）

小玫："有吗？"

我："我觉得有呀！但是看来你对小玫不大肯定，怎么会这样呢？"（渴望，让她看见自己，并且挑战她）

小玫："我不知道。"

我："没关系。我很肯定你。现在我想问你，你愿意专注吗？愿意试试看，功课如何好一点儿，你要吗？"（期待，重新核对

与确认目标）

小玫说："做不到怎么办？"

我："我还是会陪你，你可以考验我呀。考验你学习不好时，试试看考烂一百次吧！看看我是否会骂你、笑你，或者跟你说道理，若是我这样做了，你就自由了！那时你就可以不用再来找我了。"（渴望，让她感到被接纳，也让她意识到自己是自由的，能够为自己做决定）

小玫停顿、沉默。

我："你想这么做吗？"（期待，确认目标）

小玫点点头说："好。"

倾听被掩盖的声音

我和小玫的对话很顺利，她是个美好的孩子，但她与自己脱节了，没有真正贴近自己、理解自己。她不能承认自己一再让自己失望，也让父母失望。一旦承认这些，她可能会陷入更无助、更自我批判的状态，所以头脑绕过了感受，也就绕过了真实的自我。为了求生存，她转而选择了"打岔"的应对模式。

于是，她的内在声音就成了："不想要读书，我没有感觉，随便啦！"

她的理智说："应该找一个目标。"

她的理智隐藏的内在声音是："我就是读不好书，我是个糟糕的女儿、不成功的学生。"

但小玫真正的声音呢？那个被掩盖的声音，未能承认与觉察的声音，最真实贴近自己的声音呢？

那个声音说："我想要好好努力，却担心自己做不到，不知道该怎么办。"

当我帮助她觉察自己，她的感受就被承认了。起初这个感受离她甚远，她无法感知自己的状态。也许她内心不允许自己难过，但头脑却说允许自己难过，这是一种为了生存的应对方式。

在对话中，她逐渐觉察感受，从身体的感受觉察，再到心灵的感受。她开始让眼泪流下来，也慢慢承认期待落空，并且接纳自己、看见自己。

当她可以接受自己的失败，就可以给自己机会。她是个学生，我们的对话沿着这样的路径推进：没有目标→小学的目标→不重视初中课业→接触失落的感受→与渴望联结→为自己设定目标。当心智整合一致了，目标也确立了，便能讨论适合她的读书方式了。

萨提亚模式是体验性的模式，着重体验，而非头脑上的认知，因此我不是说服她，也不是与她说理。若只是想以道理说服她，她的问题仍然存在。

接下来的对话我不再呈现细节，仅就我协助她的方式，陈述我的想法与做法。

设定做得到的目标

我请小玫缩短学习时间，每天专注学习三十分钟，并询问她这样适合吗？她起初觉得三十分钟太短，但我邀请她检视自己，过去读书三小时大部分都在虚耗时间，就算看漫画也不安心，何不专注学习三十分钟呢？剩下来的时间自由分配，等到自己上轨道了，再增加读书时间。她同意了这个想法。

我请她设定闹钟，将三十分钟分为两阶段，每次十五分钟。最好在学习时设下闹钟，闹钟响了就请她休息。

十五分钟并不长，所以压力比较小，也容易全程专注。我请她在十五分钟内保持专注，学什么都行，哪怕是一个英文单词，一道数学题，一页课文，都提醒自己专注。

她的数学表现不佳，我邀请她做有把握的题目，只做会做的题目。对于有一点儿困难但也许能弄懂的题目，圈起来去问同学；特别难懂的题目则请她放弃，这样就不会只为了一道数学题而苛求完美。想要每一题都学会，就真会应了那句"为了一棵树而放弃一片森林"，最终招致沮丧与无奈。

我请她在笔记本上记录下每天三十分钟的学习过程。比如八点到八点十五分：背七个英文单词。八点三十分到八点四十五分：做一道数学题。

我邀请她这样做，和我过去的经验有关。

我中学时学习不好，越是逼近大考，内心越是焦虑，成绩始终无法提升。老师与父母的耳提面命对我而言都是压力，说再多的道理也无用，因为我一读书就分心，甚至连拿起书本都觉得沉重。

但我的内心存有希望，始终要自己加油，跟自己说课后要好好念书。我每次都暗下决心："晚上要读书三小时。"

但是我始终没有认真读书。为什么呢？因为我进度落后太多，各科都有困难，累积大量的课业想到就觉得压力大。虽然下定决心读三小时，但课后一回家面临压力，我就开始东摸西摸，始终提不起劲儿来。半小时过去就会责备自己："怎么又浪费时间了，今天就算了吧！明天再好好读书吧！"

若是怠惰未读书，被父母责骂了，我的内心戏就成了："今天心情不好，不想读书了。"

这些日复一日的戏码将我折磨得困顿极了。我无法联结自我价值，又陷入自我责备的阴影，曙光从来不曾出现，即使出现了也是刹那，瞬间又被黑暗吞噬了。

如今我为小玫设定的计划，不需太费力就能实践，能体验到自己的行动力。每天为学习做记录，就仿佛在记录自己的成果，睡前看了都会觉得"今日值得"，内在的感受便会安稳。这是冰山中的"渴望"。踩着每个"一日值得"，让它成为一种惯性，自己的纪律就会慢慢形成。

课后学习对无惯性的人而言是一种巨大的压力，尤其是在学业已经落后太多的情况下。除了在对话中厘清感受，协助她唤起生命力，我邀请她回家学习前进行三次压力冥想。我现场带领小玫进行压力冥想，冥想中的小玫落下不少眼泪。她表示那是感动的眼泪，感动自己能突破压力区，勇敢奋力地往前奔跑。

我每周看小玫的记录，连续看了三周。她的学习很规律，还利用了零散的时间来学习。

我替小玫感到开心，小玫也觉得内心踏实多了。段考前，她为自己设了三十名的目标，我帮她修正为四十名，请她别着急，维持小小的步伐前进，不要以太高的期待强迫自己。

小玫段考来临前，我恰好因为腿伤在家休养了三周。再见到小玫时，感觉她稳定多了，肩膀似乎更舒展了。段考成绩出炉，她的名次上升至二十四名，数学进步了三十多分。我为小玫感到开心，她是个勇敢的女孩，她值得为自己喝彩，我也为她感到骄傲。

小玫的反馈

我现在对读书非常热忱，每天都能专注读三到四个小时，因为我有了目标。谢谢阿建老师教我如何专注，且定下一个自己容易达成的目标，比较能够实现。

第七章
渴望——与自己对话

人的心智在生存模式之下，

会忽略了觉察自己。

在与他人对话时，也别忘记探索自己，

与彼此的内在联结，

让生命携手去往光明之处。

冰山对话并非要说服人改变，而是让人觉察，从而为自己负责任。人的心智在生存模式之下，会忽略了觉察自己。而一旦觉察自己，就能为自己负责任。无论做什么选择，只要为生命本身服务，就是好的选择。

很多人误解了对话的本质，遇到孩子出现问题，就想通过对话改变孩子，忽略了彼此应尽的责任，忽略了自己如何觉察感受、观点与期待，也忽略了一个事实：和自己的渴望联结，与孩子的内在联结，如此才能了解孩子的问题，协助孩子渡过难关，为自己负责任。

若是父母一味执着"应该"如何，只是想满足自己的期待，却不知道自己的期待、观点来自何处，那么生命的流动性就被卡住了。既无助于孩子，也无助于自己。

若是透过冰山对话探索自己，也探索孩子，生命就会携手去往光明之处。因为萨提亚模式的精神，就是尊重生命、相信生命有成长的能力。

焦急母亲的冰山

下面要呈现的是我与一位妈妈的对话。这位妈妈遇到的问题，是她十九岁的女儿要休学了，妈妈不断打电话求助，希望我跟她女儿谈话。妈妈在电话那头很焦虑，说话急促又生气，抱怨女儿突然做出决定，又抱怨女儿不能坚持。她希望女儿回心转意，好好读到大学毕业，又责怪女儿如此任性。

我答应妈妈的要求，前提是女儿愿意来谈话，而不是被妈妈逼来。因为女儿十九岁了，十九岁当然可以决定休学。况且妈妈误解了，我的谈话并非是要满足妈妈的期待，而是为了让女儿为自己负责。

但是女儿不愿意前来，无奈的妈妈只好自己来见我。然而妈妈很疑惑：是女儿休学呀，为何要和妈妈谈话呢？

萨提亚女士曾说："问题不是问题，如何面对问题，才是问题。"

女儿休学本身不是问题，妈妈应对女儿的方式就是个问题了。

以下是我们的对话，我在每个提问的后面，标注了冰山的各层次，供读者参考：

我："我们要谈女儿的休学，此刻你有什么感受？"（感受）

妈妈："我现在不太能呼吸，要用一点儿力气，才能吸入空气的感觉。"

我："你能感觉到身体的感受吗？此刻，你说不太能呼吸？"（感受）

妈妈："嗯，肩膀有点紧，胸口很闷很闷。"

我："我想邀请你专注地感受身体的信息。感觉肩膀的紧，还有胸口的闷，并且接纳它，你可以吗？"（感受、渴望）

妈妈闭起眼睛，手放在胸口处，深深呼吸后说："我现在很想哭。"

我："你接受自己哭吗？"（观点）

妈妈："但是我已经哭了好几天。"

我："你哭了很多天了呀？"（行为）

妈妈点点头："嗯！"

我："你知道自己的眼泪在表达什么吗？"（观点）

妈妈："一种无助感。"

我："你能感觉这无助感吗？此刻……"

妈妈做了一个喘不过气的表情："我只要一感觉无助，全身就快软掉了，不太能够呼吸。"

我："还有别的感觉吗？"（感受）

妈妈："还有什么感觉呢？"

我："当你接触无助时，有其他的感觉吗，比如生气、害怕、紧张、无力、难过或者沮丧？"（感受）

妈妈又停顿了一下，仿佛在深深地体验自己："这些感觉好像都有！"

我："哪一个比较多？"

妈妈停顿了一下："我分不太出来，好像每一种都很多。"

我："那说说你的生气！气什么呢？"（感受、观点）

妈妈："我气女儿不读书，她竟然要休学。好不容易考上大学，她竟然要办休学。"

妈妈说完，似乎累积很久的情绪得到释放，忽然掩面大哭。

我停顿了一下："还为别的事生气吗？"（感受）

妈妈："我气自己没有教好她。"

我："那你害怕什么呢？"（感受）

妈妈："我怕她将来会完蛋。"

我："还有害怕别的吗？"（感受）

妈妈："我还会害怕什么呢？"

我："我不知道你害怕什么。比如也害怕她的未来、害怕她的现状或者害怕自己的失败？"（感受）

妈妈："害怕自己不是个好妈妈，我是个失败的妈妈。"

我："你怕自己是失败的妈妈？你做了什么，让你觉得自己失败呢？"（观点）

妈妈："我用了各种方式跟她分析休学的后果，但她就是要休学。"

我："你知道她休学的原因吗？"（观点）

妈妈："她说这个科系她没兴趣，但是我觉得是她不认真，功课压力比较大。"

我："这个理由你听起来不接受？"（观点）

妈妈："当然不接受呀！我很生气呀！她根本就是不能面对困难。"

我："那你怎么对她表达生气？"（应对、姿态）

妈妈："我先是骂她，又不想对她发脾气，只好再忍耐，好言相劝。结果她都不听呀！所以我又骂她。"

我："那她改变了吗？"（期待）

妈妈："就是没有改变呀！我也不想对她生气的。"

我："提到你对她的生气，此刻你有什么感觉？"（感受）

妈妈："我感到难过！我难过自己没办法帮助她。"

我："即使她要休学，你还是爱她吗？"（渴望）

妈妈："当然爱她！"

我："在面临休学这件事上，你展现的是爱她，还是生她气呢？对她来说哪个才是妈妈呢？"（观点）

妈妈："两个都是呀。"

我："两个都是她妈妈呀？她不困惑吗？"（观点）

妈妈："我也很困惑、混乱，但是我没办法呀！她怎么可以这样呢？我怎么做都没有用！"

我："你女儿呢？她怎么面对你的困惑和混乱？"（应对）

妈妈："她不说话，或者干脆不回家，不接我电话。"

我："听起来她将你当压迫者，她不想和压迫者接触，是不是这样呢？"（应对）

妈妈："可我是她妈妈呀！"

我："但是她感觉不到妈妈的支持与爱。"（渴望）

妈妈哭了。

我："此刻你怎么了？"（感受）

妈妈："我很爱她，难道她不知道吗？"

我："那你了解她吗？"（渴望）

妈妈："那她了解我吗？她想过我这么辛苦吗？她想过我付出多少吗？"

109

说到这里，妈妈失声痛哭。

我："你希望她了解你是吗？她会不会也希望你了解她？两个人都在渴求对方的了解，那谁应该去了解对方呢？"（渴望）

妈妈："难道是我要先了解她吗？"

我："我不知道呀！你想先了解她吗？听起来你想解决问题，而且你比较年长，她是你教导出来的。"（期待）

妈妈："为什么又是我？为什么总是我牺牲？我已经牺牲这么多了，为什么？"

我："你曾经为了什么而牺牲呢？"（观点、渴望）

妈妈："我上大学的时候，爸爸出车祸瘫痪了，我妈说家里钱不够，希望我休学先工作。因为我是大姐，所以我就休学了。"

妈妈的哭声里面，带着愤怒与委屈。

我等了她一会儿问："当时你做出牺牲了，是吗？"（观点）

妈妈点点头："嗯。"

我："但是你女儿此刻休学是自己愿意的，并没有被你逼迫呀！你聆听她的心声，怎么是牺牲呢？听起来你希望女儿牺牲是吗？"（观点）

妈妈停顿了一下："我不希望她和我一样牺牲。"

我："你生你妈妈的气吗？"（感受）

妈妈哭着说："我怎么可以生她的气？她已经够辛苦了。"

我："可不可以生气，跟有没有生气，是两件事。你生她的气吗？"（观点）

妈妈点点头："我应该生她的气了。"

我："你还没原谅她吗？"（渴望）

妈妈摇摇头说："我不知道。"

我："听起来你有一个未了的情结，这个未了的情结和女儿此刻有关吗？"（期待）

妈妈摇摇头说："我不知道。"

我："但是我现在看起来，你在强迫女儿牺牲呀！因为她自己想休学，她若是为了你而放弃休学，那才是牺牲自己不是吗？牺牲了自己的意愿。你和当年你妈妈的做法会不会是一样的呢？"（观点）

妈妈沉默不说话，似乎在思索着什么。

我："你此刻内在发生了什么？"（感受）

妈妈："感觉比较松开，有一道光照进来的感觉。"

我："那是什么呢？"

妈妈："我也不知道。但是……好像看见自己的一种感觉。"

我："看见自己怎么了？"（渴望）

妈妈："好像不是那么可怜了。"

我："你以前觉得自己可怜吗？"（观点）

妈妈："嗯……"

我："刚刚发生了什么？你怎么会突然松开了？"（感受）

妈妈："当老师说她如果为我放弃休学，那才是牺牲自己的时候。我好像看见当年休学时的自己，那时心里有一个声音，但是我忘记那个声音了。"

我："那是什么声音呢？"（渴望）

妈妈的声音听起来坚定："那个声音是'我一定会完成学业'。"

我："是什么掩盖住了这个声音呢？"（观点）

妈妈："对妈妈的生气，还有觉得不公平。"

我："但是你刚刚说了，当时不可以生妈妈的气呀？你怎么知道是这个掩盖了心里的声音呢？"（观点）

妈妈："刚刚老师问我的时候，我突然知道自己在生气。我只是不想承认而已，但是我一直都在生气，觉得这一切不公平。"

我："这个发现对你而言有冲击吗？"（感受）

妈妈："很大的冲击，很大的震惊，然后是松开的感觉。"

我："当时你休学多久又复学呢？"（事件）

妈妈："只有一年而已。"

我："你是怎么办到的？"（行为）

妈妈："我当时找了一份晚上的工作，还去接了翻译的活计。我很认真地工作，赚得比白天还要多。"

我："你会怎么看待休学的那一年？"（观点）

妈妈："那一年我长大了很多，英文能力进步更快，更会利用时间，我觉得自己成长了，怎么可以这么了不起？"妈妈说到这儿，眼泪泛出来了。

我："当年那个女孩做出了牺牲，为了家庭去打工，你会对她说什么？"（渴望）

妈妈开始啜泣，过了好一会儿，才缓缓地说："你很了不起，你知道自己可以的，因为你很努力地帮助家里。你知道自己在做什么，你不是被命运安排的人，你帮助家里渡过了难关……"

我："你会对这样的自己怀有欣赏与感激吗？"（渴望）

妈妈流出眼泪点点头。

我："那请你对当年那个女孩说说看。"（渴望）

妈妈："对自己吗？"

我："嗯！对当年那个女孩，说说你的欣赏与感激。"（渴望）

妈妈："谢谢你，你怎么可以这么了不起，你是一个这么努力的女孩……"

我："当年这个女孩有创意吗？"（观点）

妈妈点点头："有。"

我："当年这个女孩经得起挫折吗？"（观点）

妈妈说："当然。"

我："这个女孩长大了，她要面对女儿的学业问题，她也会有创意地面对吗？也会允许女儿有创意地走一条自己的路，而不是做一个为别人牺牲的人？她会坦然面对期待落空的挫败吗？"（观点、渴望）

妈妈深深吸了一口气说："她是个好妈妈，是个有创意的妈妈。她可以是一个有弹性的人。"

我："那你怎么看女儿的休学呢？当年的女孩也休学了，如今成为一个出色的妈妈。虽然情境不一样，你会怎么看呢？"（观点）

妈妈："我比较放松了，没那么着急了。虽然我不想她休学。"

我："现在呢？关于女儿的休学，你打算怎么面对？"（应对）

妈妈沉默了一阵子："老师，我还是觉得她有点可惜！我当初是想要好好读，现在她有这么好的机会，竟然考上了还给我休学。"

我："你可以觉得可惜呀！你可以怎么理解女儿呢？"（观点）

妈妈："老师，好奇怪喔！我现在好像比较理解她！她有自己的想法，虽然我还是觉得可惜，但是我觉得她不会这么笨，不会笨到放弃人生。只是休学而已，她遇到了困难，应该会想办法突破吧！跟当年的我一样。"

我："你可以怎么支持她呢？支持的同时也好好表达自己，而不是讨好她？"（应对）

妈妈："我没有讨好她。我真的可以接受了，我会问问她需要我帮什么忙，看她休学想要做什么，我可以帮助她什么。"

我："你的转变怎么这么快？"（渴望）

妈妈笑了："我也不知道。我就是很爱她呀！"

我："你的看法改变了，期待改变了。发生了什么？你突然想通了什么？"（观点、期待）

妈妈吐了一口气："我也不知道……大概我看到了自己吧！自己是有想法的，女儿也有想法，但是我没看见女儿的想法，我太不相信她了。我怎么会这么不相信她呢？好奇怪……"妈妈说到这里笑了。

我："你现在深呼吸一下，感觉一下自己。"（感受）

妈妈深呼吸之后说："我感觉体内有光了。身体感觉很轻松。很想跟女儿说我爱她，我会陪她，她已经十九岁了，可以自己做决定了。我十九岁的时候，已经做三份工作了。"

我："你还是觉得她很可惜吗？"（观点）

妈妈停顿了一下："还是有一点儿，但是我可以接受。我可以好好和女儿谈，她决定要休学，我不会那么生气焦虑了……唉……"

我："你叹了一口气，这是什么呢？"

妈妈："本来很简单的事情，我怎么弄得这么复杂，休学也没什么大不了的呀！老师你大学还不是考了五年……"

妈妈的焦虑减缓了，变得有幽默感了。

与孩子的期待同步

我邀请妈妈深呼吸，觉察一下身体与内在，妈妈反馈身体感到放松了。这一次的对话，我们通过女儿的事件，探索了妈妈的感受，使妈妈能触及自己的感受。但妈妈的感受很丰富，觉察了她更多感受，厘清了她的愤怒有几个部分。她觉察了未满足期待的部分，她最大的失望与愤怒，和她生命中未了的情结有关。

女儿的休学事件触动了妈妈生命中未了的情结，那儿有妈妈的愤怒，有妈妈的失落，还有妈妈的资源。但妈妈并未整合自己，因此当女儿要休学了，和妈妈的期待有所不同，妈妈就看不见孩子了，无法跟孩子站在一起，陪伴孩子思索该如何应对。

我与妈妈的对话中，这句话是一个转折的关键："但是你女儿此刻是自己愿意的，并没有被你逼迫呀！你聆听她的心声，怎么是牺牲呢？听起来你希望女儿牺牲是吗？"

这句话是从观点切入，这个转变从妈妈不想自己牺牲，也不想女儿当牺牲者转变，打开了她联结自己的渴望，也联结了女儿的渴望。当年的她渴望被爱、被关怀而不是牺牲，在这个部分，妈妈和女儿的渴望联结了。妈妈也从这个"牺牲"的事件，联结了自己的资源，逐渐从自己的渴望处打开，对女儿的休学事件就有了比较舒缓的态度，转变也就出现了。

妈妈的反馈

读了这一篇记录，我心里还是很激动，好像回到那个时候。我要深呼吸好几次才敢看，好像做了一场梦。

那时候女儿不去谈话，结果老师要我去谈话。我以为老师要教我技巧，教我怎么跟女儿说话，老师竟然一句也没有提，反而都在谈我自己，怎么会这样？

真不知道那时自己怎么了，好像慌了手脚。我怎么这么着急，对女儿都不相信了，不想知道她的想法，不想知道她发生了什么，也不是想要去帮她，好像都是在想自己该怎么办。现在想起来很丢脸，但是老师说要欣赏自己，我又觉得自己很勇敢，敢跑去向老师求救。现在女儿研究生都毕业了，也有好的工作了，我只要陪着她就好了，根本不会有什么问题。我当时心里实在太着急了。

第八章
联结——手足间的冰山

当对话脉络聚焦在
一种情绪、一个事件、一个观点或者一个期待上，
就能帮助对话者从纷乱的思绪、感受与事件中，
厘清真正在意的原因。

常有父母问我，孩子总是吵吵闹闹，甚至彼此争吵，该怎么处理？

爸妈面对孩子打闹，应有一个基础概念：除非必要时刻，最好别当判官。左右都是自己的孩子，父母当判官的原意，是想主持公道，让孩子明辨是非，这两个方向都是善意的，但两者都很难达成。手足吵架的时刻，父母常看见的是冰山上层的"事件"，甚少了解孩子内在发生了什么。

父母该怎么处理呢？最重要的是接纳这个状况，再以对话的方式探索孩子，帮助孩子觉察与负责任。但父母也有局限，处理家庭冲突往往比应对一般情况更困难，更需要慢慢学习。

2016 年，美国《时代》杂志九月号刊登过一篇关于童年手足争吵的文章。文中的受访者不乏企业 CEO，童年几乎都有与手足打闹的经历，有趣的是父母并不责骂，也很少介入冲突。因为孩子打打闹闹，有时虽然激烈，但若是家庭和谐，孩子争执打闹便不会有危险。随着孩子渐渐长大，手足之间感情和睦，而童年的争执也成了他们理解竞争的一环。

面对孩子争执，若是父母非要介入，就既不能摆出审讯犯人的姿态，也不能判断对错，而是要展示对孩子的关心。冰山模式的对话，能进入孩子的内在，了解孩子身上发生了什么。

手足间的小纷争

在一个美好的周日，我与一个家族不期而遇。这个家族共有六个孩子，其中两个是我的学生。他们聚集在麦当劳快餐店，欢声笑语一片，仿佛举办派对，薯条堆成金黄的小山，被倒空的薯条盒子成了酱碟，盛着挤出的红色番茄酱。但很快，这个欢乐的场面就变了调。

十岁的小桐挤番茄酱时，酱包不慎爆开。酱料朝十二岁的哥哥喷射，小雷的新衣上瞬间出现了一线鲜红。

小雷尖叫一声，不小心弄翻了可乐，可乐倒在爸爸身上，爸爸生气地吼了一声。妈妈在一旁手忙脚乱，一边捡起翻倒的可乐，递餐巾纸给爸爸，一边叫小桐不要再闹了，还忙着拿纸巾擦拭小雷的衣服。

爸爸骂着："怎么那么不小心！"

小雷表情僵硬，一副山雨欲来的模样。

妈妈慌慌张张善后，一面安抚爸爸："小雷不是故意的。"一面告诉小雷："没事了！没事了！"

小雷很生气地说："我的衣服都脏了！今天才第一次穿。"

妈妈又赶忙说："没关系啦！洗一洗就好了。"

小雷很生气地说："每次都这样！"

妈妈急着当和事佬："弟弟不是故意的啦！"

小雷更生气地说："他就是故意的！"

只想解决问题的妈妈

我知道妈妈关心小雷。妈妈说没关系，但是小雷觉得很有关系。一旦妈妈说没关系，小雷就会更生气，妈妈也感到烦躁。

我与妈妈聊过家庭教育，妈妈不止一次抱怨小雷与小桐很调皮，常为了小事争执，无论如何都摆不平，直到父母动怒，兄弟两人才停止。但家庭气氛已经弄得很僵了，兄弟两人曾经为了小事谁也不理谁，竟然整整一个月互不讲话。

如今小桐闯祸，将番茄酱喷在小雷身上，风暴即将来袭，低气压瞬间笼罩这个家庭。小雷对着小桐怒目而视，小桐则假装没看见，转脸和表妹说话。

妈妈在一旁说："没事了！没事了！弟弟又不是故意的。"

妈妈拿着纸巾帮小雷擦拭，刻意将小雷带到门边，应该是为了冷却他的怒火吧！岂知小雷用手捶了桌子一下，拉开玻璃门跑出去了。

眼看爸爸就要发飙，妈妈慌乱地善后，又要安慰在场的众人。

这是家中常见的一幕。我们不妨检视一下成人的应对，是否都是在安慰孩子，想解决问题，却只在冰山的表面——"行为"层次展开对话？

我是小雷的作文老师，也挺了解他的，知道他虽然易怒，但是内心很善良，我想协助他澄清自己。我看着小雷走出门外，妈妈想要跟上去，我跟妈妈示意：让我来吧！

以下是我和小雷的对话。我将对话的内容，按冰山各层次标示出来，再另辟文解释冰山如何形成，为何冰山层次的对话有助于让孩子了解自己，也有助于两个人彼此靠近。

冰山模式的介入

小雷靠着门边的墙壁，既生气又委屈，嘴里不断地咒骂着，手使劲捶着墙壁发泄愤怒。

我走近他，静静地待在一旁。他知道我在旁边。他正经历突如其来的愤怒，我的安静和停顿有助于他冷静下来。

一两分钟之后，我轻拍小雷的背说："小雷……你很生气吧！"（感受）

小雷嘟着嘴不说话。

我继续说："要是我穿新衣被喷了番茄酱，我也一定气死了。"（感受）

小雷说话了："他每次都这样！我回去不会放过他。"

我核对他的感受："你生气是因为……他每次都怎么样呢？拿番茄酱喷你吗？"（感受、行为）

小雷停了一下，愤愤地说："他每次都故意捣蛋。"

我听了以后，回应小雷："如果遇到故意捣蛋的人，真的是让人不舒服。不过小桐是故意捣蛋吗？"（感受、观点）

小雷愤愤不平地回应："对呀！我上次浇花的时候，水不小心泼到他。他以为我是故意的，所以今天就故意喷我。"

我问："你上次不小心泼到他呀？"（行为）

小雷说："对呀，水管突然失控，水就喷到他身上了！"

我问："那你是故意的吗？"（观点）

小雷说："我不是故意的呀！"

我问："弟弟相信吗？"（观点）

小雷说："弟弟不相信呀，所以他这一次就故意喷我。"

我问："弟弟不相信你，你那时会生气吗？"（感受）

小雷说："我一直说不是故意的，他就不相信呀！"

我问："那你会生气吗？还是会难过、担心……"（感受）

小雷说："会呀！我会生气！"

我问："生气什么呢？"（感受）

小雷停顿了一下，才缓缓地说："生气他不相信我。"

我停顿了一下，很缓慢地问小雷："当他不相信你时，你有什么感觉呢？"（感受）

小雷也停顿了，慢慢地说："难过……"

我问："难过什么呢？"（感受）

小雷说："为什么他这么不相信我？"

我问："那让你觉得自己很没有价值，是吗？"（渴望）

小雷回答："我是他哥哥！为什么他不相信我？"

我问："你希望他相信你吗？"（期待）

小雷理所当然地说："当然希望呀！"

我问："如果他相信你，你会有什么感觉或者想法呢？"（感受、观点）

小雷停顿很久才说："当然会觉得比较好……因为自己被相信……"

我问："但是他不相信，因此你觉得被冤枉、不被信任，对吗？"（观点、渴望）

小雷说："对……"

我问："这次你认为他是故意的？你怎么知道呢？"（观点）

小雷说："他一定是故意的！"

我问："你要怎么求证呢？"（应对、观点）

小雷说："他就是故意的呀！"

因为小雷并未正面回答我，我继续探索："嗯！那你怎么求证呢？你愿意听他说说吗，就像你希望他听你解释一样？"（观点、期待）

小雷突然沉默了。

我再次核对："你要问问他吗？当初你被误解并不舒服。现在呢？有什么方法可以不误解他？"（感受、期待）

小雷点点头，表示愿意问问小桐。

我再次核对："那我请小桐来问问好吗？"（期待）

小雷再次点头了。

我进入快餐店，请小桐来到小雷前面。小桐像知道自己做错了事，安静地站在哥哥前面。

我问小桐："你现在还好吗？"（基础提问）

小桐摇摇头。

我看小桐有点儿畏惧，问小桐："怎么啦？你害怕吗？"（感受）

小桐点点头。

我问小桐："你怕什么呢？"（感受）

小桐停顿了一下，才慢慢地说："怕哥哥骂我。"

我拍拍小桐的肩膀，跟小桐澄清："哥哥想知道，你刚刚的行为，是不是故意的？"（行为、观点）

小桐摇摇头，带点儿颤抖，柔声向哥哥道歉："哥哥，对不起，我不是故意的。"

小雷的头没有抬起来。

我停顿了一下子，问小雷："你相信弟弟的话吗？"（观点）

小雷停了好一会儿时间，终于点点头。但是小雷接着说道："那天不小心泼水，让你衣服湿了，我也不是故意的。"

我问小桐："你相信哥哥说的吗？"（观点）

小桐涨红着脸，眼泪已经泛出来，一副很委屈的表情，说："我知道你不是故意的！我是故意说不相信而已……"

我接着问小桐："你的眼泪是什么呢？是难过吗？"（感受）

小桐点点头。我问小桐："你难过什么呢？"（感受）

小桐呜呜地哭了起来："我真的不是故意的，哥哥，对不起……"

我继续问小桐："你难过是因为自己不小心吗？"（感受、观点）

小桐点点头，眼泪不断地滑下，鼻涕也流出来了，仍然对小雷说："我也不是故意不相信你，我一开始就相信了……"

听小桐这么一说，小雷眼眶也红了，过来拍拍弟弟的肩膀：

"我相信你啦！是我自己不好，我对你太没耐性了，我也不是故意的……"

在最后的两句话中，兄弟之间的渴望联结了，彼此都能看见对方的诚意，也能接纳彼此了。

快餐店所在的街道上，时间仿佛暂时冻结了，兄弟两人都哭了。

这个场景很动人。我注意到还有一个人哭了，一个刚刚一直像陀螺般忙碌的人，此刻正站在门边擦眼泪，那是两兄弟的妈妈。

冰山对话的解说

小雷被小桐喷了番茄酱，是"行为""事件"的层次，而且只是行为的一角。透过冰山的对话，进入小雷的感受、观点探索，我得以知道过去的"事件"，也是冰山上层的"行为""事件"，即小雷浇花的时候，不小心将水喷到小桐。

从浇花的事件，我了解到：小桐不相信小雷，认为小雷是故意的，也间接导致此刻的争执。

通过冰山对话，我明白小雷发生了什么事，也让小雷觉察到自己执着的点是"弟弟不相信自己"。但是在对话之前，小雷并未觉察这一点，只是惯性地应对。

小雷生气地捶桌，那是他的应对姿态。我在停顿之后，直接核对小雷的感受，在感受里厘清观点和期待，最后邀请他与小桐核对。这个对话过程是怎么回事呢？为何这样对话就能厘清问题，甚至让兄弟和解呢？

我们常用一句话来形容想不开的人——"钻牛角尖"。这句话意味着他们只从一个特定的点去考虑问题，而不会从各种方面考量。这种思维习惯，通常与过去的经验、情绪的形成有关。

过去，小雷的愤怒常是不被理解的。大人也许以道理、指责与规条回应他，而不是先与小雷对话，好奇小雷身上发生了什么。当小雷非常愤怒的时候，他的情绪就得不到梳理。情绪在体内乱撞，遇到相同的事件，纷乱的情绪就一股脑儿冲上来。这股情绪有愤怒、难过，这是在对话中可见的；而未呈现的情绪，可能还有沮丧、委屈与失望。

这些情绪乱撞，引得思绪跟着纷飞，小雷因此执着于"我一定要报复，你给我记住"这样的枷锁之中，而不会思考得出其他解决方式。

联结彼此的渴望

小雷是愤怒的，这股愤怒在上述对话里可以看见线索。他不仅气小桐"这次"的行为，也气小桐"上次"的不信任。若是我继续在"生气"里探索，可能还会探索出小雷对自己"生气"。

当对话脉络聚焦在一种情绪、一个事件、一个观点或者一个期待上时，就能帮助对话者从纷乱的思绪、感受与事件中，厘清小雷真正在意的原因，而不是任由小雷情绪混杂、思绪纷飞，只执着于报复弟弟了。

另一方面，当我聚焦在一个点对话时，那是一种探索的过程，而不是说教、指责或命令，对话者就有机会聚焦在那一点展开思索，从那一点开始，引导、厘清自己的"心结"，而不是杂乱无章地思考，也不是一味地自我保护与防卫。

每个人对话的路径不同，如果掌握了基础的方向，也能得到相同的结果，或者更好的结果。我与小雷的对话，紧扣住弟弟不相信他"不小心"，让小雷觉察不被信任的感觉，继而以核对的方式，让兄弟二人彼此联结。

这样的对话脉络，是以小雷的"渴望"为标的。自由包含于"渴望"，而自由需要有所选择。

因此，小雷可以选择核对，核对小桐是否为故意。当小桐将番茄酱喷到小雷身上，我心里大致清楚小桐的"不小心"，因此引导小雷与小桐核对。与小桐对话时，我从冰山的"感受"层次开始核对，亦即从小桐的"难过"，带出"恐惧"，再带出小桐的"抱歉"，向哥哥澄清上一次的事件。

我也引导小桐与自己的渴望联结，接纳了自己的行为，那就不必再对抗，而能诚心地坦陈自己的想法。当小桐这样陈述，小雷与小桐彼此的渴望、接纳与爱，也能瞬间联结了。

但如果小桐是故意的呢？我会引导小雷去思考什么样的应对姿态能够为自己负责任，而不是被误解，或者伤害自己，甚至收到更多人不好的反馈。

第九章
同理——伴侣的相互探索

世上少有不争执的夫妻，
每个人都有自己的感受、期待与观点，
双方如果能更完整地表达，
就会拥有更好的沟通。
以冰山脉络探索对方，
能让彼此更加理解与贴近。

夫妻是最亲密的伙伴，两个人的冰山互动更是不容易的课题。我在讲座时询问在场的伙伴，平时会如何应对和表达自己的情绪？生气的时候会不会告诉对方，是否会为自己的生气负责，还是摆出受害者的姿态责怪对方？

沉默的杀伤力

　　一位女士表示，当自己生气的时候，会保持沉默，不与先生说话。

　　我问女士："选择沉默不说话，你的想法是什么呢？"（观点）
　　女士说："如果继续说话，两个人可能会吵架。我让自己冷静十分钟，情绪过去就好了。"
　　我："你有将这样的信息告诉你先生吗？"（应对）
　　女士："没有。"

透过上述的简单对话，可以看见女士的应对姿态。不说话属于打岔的一种姿态。

生气是她的感受。若是继续说话，就会出现吵架的场面，这是她的观点。

她的期待是冷静十分钟，情绪就能过去，两人就可以和谐对话。

据我的判断，她应是想和先生和谐相处，因为她很爱先生。这是未表达的渴望层次。

若是能让先生知道她的冰山各层次，那就是直接表达内在，也就是一致性应对了。但女士并未告诉先生，先生也无从知道她的内在发生了什么，那么先生会怎么反应呢？

我继续问下去："先生不知道你的想法，他有什么反应呢？"（应对）

女士："他会在我身边不停地问：'你怎么了？你怎么不说话？你为什么又不讲话了？'"

我："你喜欢他这样做吗？当你不说话的时候，先生一直问你：'怎么了？你怎么不说话？你为什么又不讲话了？'"（期待）

女士："我不太喜欢。"

太太的表述到此为止。

我转过头问先生："关于你的部分，是太太说的这样吗？"（核对）

先生："嗯……"

我："你一直问她'怎么了？'，你内在状态是什么呢？"（感受）

先生："太太突然不说话的时候，我感到很焦虑。"

我："能说说你的焦虑吗？"（感受）

先生："我不知道她怎么了，怎么就突然不说话了？"

我："你成长过程中，见过爸妈吵架吗？"（回溯父母应对）

先生点点头说："见过。"

我："爸妈吵架时，会有一方不说话吗？"（核对父母应对）

先生："有，妈妈会沉默不说话。"

我："当时你站在哪里呢？"（应对、渴望）

先生："靠近妈妈多一些。"

我："那时候你几岁呢？"（具体事件）

先生："我大概上小学。"

我："当时你心里什么感觉？"（感受）

先生的脸色此时变了，有些情绪在脸上涌动。

先生："当时心里应该感到焦虑、害怕。"

我："你害怕什么呢？"（感受）

先生："我害怕妈妈会离开家。"

我："她有离开过吗？"（回溯）

先生："她没有离家出走，但说过好几次她要离家出走。"

我："所以你害怕妈妈不说话时，会离你们而去？"（感受、观点）

先生："嗯。"

我："当你看见太太不说话了，你的焦虑与过去有关吗？"

（感受与过去核对）

先生点点头："我以前没有想过。"

先生的情绪再次涌上来。我转头问太太："你知道先生的状况吗？知道他刚刚分享的那些过去的经验？"（核对）

太太转过头，疼惜地看着先生："我不知道……"

我："听先生说了他的情况，对你有冲击吗？"（感受）

太太点点头："我会比较理解他。"

回溯内在的焦虑

我通过与先生简单的对话，得知他的内在感受是焦虑。再回溯焦虑的成因，看见了他童年的一个图像。

他说了当年的画面，陈述了事件的场景，觉察过去的场景仍在影响他。遇见争执而不说话的妻子，会激起当年对母亲的担忧：他害怕母亲离开家。他隐隐将"不说话"与"离开""焦虑害怕"连在一起了，那是他埋藏在内心，未曾觉察的身体与情绪反应。

世上很少有不争执的夫妻，每个人都有自己的感受、期待与观点。双方如果能更完整地表达，就会拥有更好的沟通。

我完成此篇对话后寄给那位先生看，蒙夫妻二人同意发表。我还邀请先生针对讲座上对话的想法，写一则短反馈，我列于下方：

先生的反馈

讲座结束后我们夫妻仍继续讨论着，对这次的对话甚感惊讶与佩服。若非崇建老师在现场来回地穿梭提问，我们从未觉察彼此对生气的感受与处理会有如此大的差异。

小时候的我曾经目睹爸妈吵架，于幼小无力的年纪见闻的冲突语气和冷战静默，在内心中产生极大的不安与恐惧，像一块烧红的印记，深深烙在我记忆深处。我长大成人以后，面对太太在生气时"不讲话"，无意间与孩提时的遗弃感产生联结，也将当时的焦虑感带进了现在的夫妻关系中。

经过此次的讲座，后来又一次与太太意见相左时，我立刻觉察到各自的感受与需求。我明白太太在情绪处理上是需要等待的，需要一些时间先平静下来，并安顿好自己的内在。除了情绪感受的觉察，我同时也依照脉络探索了自己的冰山，原先的紧张感自然消退。待双方情绪皆稳定下来，才开始进行意见的交换讨论，最终获得正向而有意义的结果。

第十章

接纳——青春期孩子的冰山

了解彼此，在彼此的渴望处联结，

这份渴望就是：爱与接纳。

父母带着上高中的孩子来见我，期待一家人有更好的沟通。

小祥在家排行老二，上有哥哥，下有弟弟。但小祥平时不太分享自己的事，总是不说话，或很简单地回应。父母感觉小祥离自己越来越远，因此带他来见我。

青春期孩子离父母越来越远了，是父母共有的感觉。

渴望孩子的拥抱

我问爸爸："有没有什么事件，让你感觉小祥离你越来越远呢？"（事件）

爸爸说："我每一次要拥抱他，他都会将我推开。"

我："这会让你受伤吗？"（感受）

爸爸："有一点儿。"

我："小祥已经十七岁了，你还会拥抱他，这很难得呀！"（渴望）

爸爸："因为我很爱他。"

我："你跟自己的爸爸关系如何？"（回溯、应对）

爸爸："我爸爸以前从事高危险工作，他出门时我都会很担心他，担心他会不会出意外，心里很渴望跟爸爸在一起。"

我："你爸爸也会拥抱你吗？"（核对）

爸爸："他不会拥抱我，童年时我和他关系不亲密。但是我渴望他的拥抱。爸爸最后卧病在床，卧床好多年，接近过世之前，我才主动去拥抱他，去亲他，我怕会有遗憾。"

我："你爸爸喜欢吗？有什么反应？"（核对、应对）

爸爸："我爸爸吓一跳。但是我很满足，至少我没有遗憾了。"

我："那你怎么会想要拥抱儿子呢？"（核对）

爸爸："儿子一天一天长大了，我也不想留下遗憾，所以每天都想拥抱他。"

我："那是一种爱的表达？"（渴望）

爸爸："可以这么说。"

我："但儿子的反应呢？不符合你的期待吗？"（期待）

爸爸："对。他常常把我推开。"

我："当你要拥抱儿子的时候，儿子将你推开，你怎么解读呢？"（观点）

爸爸："他拒绝我的爱，好像很厌恶我。"

我："这让你感到儿子离你越来越远是吗？"（渴望）

爸爸点点头。

我转头问小祥："爸爸说的状况，也是你理解的状况吗？当他拥抱你的时候，你会将他推开。"（核对、应对）

小祥点点头。

我："发生了什么事了呢，你将他推开？"（事件、应对）

小祥："爸爸以前从来没有拥抱我，是我上高中以后，爸爸才开始的，我感到很不习惯。"

我向爸爸确认是否真的如此。（核对）

爸爸："我以前没有拥抱他的习惯，他越来越大了，我也不想留下遗憾。"

我明白了，原来家里没有拥抱的习惯。爸爸突然变得热情，对于青春期的儿子来说，真是令人尴尬的举动呀！

我问小祥："爸爸拥抱你的时候，你有什么感觉？"（感受）

小祥："我感觉很尴尬。"

我："你是因为尴尬才推开爸爸吗？"（观点、应对）

小祥点点头。

我："你知道爸爸拥抱你，是因为他很爱你吗？"（渴望、观点）

小祥再次点点头说："我知道。"

我："爸爸拥抱你的时候，你想要回应爸爸的爱吗？"（渴望、应对）

小祥又点点头："想，但我觉得很尴尬。"

我："小祥，谢谢你这么清楚地表达。我整理一下你的意思，你知道爸爸拥抱你，是因为他很爱你，你心里其实想回应他。但是他以前不会拥抱你，上高中以后才开始拥抱你，你还不习惯，心里会感到尴尬，所以将他推开，是不是这样的状况？"

小祥点点头。

我问爸爸："我跟小祥的这一段对话，你听了以后有什么感想？"（感受、观点）

爸爸："原来他不是排拒我，只是感到尴尬而已。我听了很感动，也很放心。"

我征得小祥的同意，引导他对爸爸说一段话，确认这是他心中的想法，请小祥说给爸爸听："爸爸，我知道你很爱我，所以会拥抱我。我也很爱你，只是我不习惯这样的拥抱，但是我要跟你说：'你不会失去我。'"（渴望）

我问爸爸听了之后的感觉，爸爸反馈："听了很感动。"

简单的谈话之后，我和小祥重整起父子日后的关系："爸爸今天回去之后，可能还是会拥抱你，向你表达他的爱。那是他的需求，你可能会不习惯，但你可以接受吗？"（落实与核对）

小祥点点头说："我可以接受。"

我："小祥，谢谢你。你是一个纯真的儿子，可以这么直接地表达内在，我非常感动你们彼此坦诚，也谢谢你接纳爸爸会拥抱你。"（观点、渴望）

小祥默默聆听着。

我接着说："若是爸爸拥抱你，你心里仍旧觉得尴尬，那么你还是可以推开他。如果你心里的尴尬变少了，你也可以用拥抱来回应他。这样的计划适合你和爸爸日后的关系吗？"（落实与核对）

小祥点点头说："适合。"

我转头问爸爸："你再次拥抱儿子的时候，儿子可能还是会推开你，但那不表示他不爱你，或者是要将你的爱推开，而是他还没准备好，感觉尴尬，但你知道他是爱你的。他推开的是尴尬的感觉，而不是你这个爸爸。你可以接受这样的结果吗？"（落

实与核对）

爸爸："我可以接受，谢谢老师。我很感动。"

不同感受的解读

爸爸拥抱儿子，儿子将爸爸推开。爸爸的解读是排拒，而不知道儿子是尴尬，而且内在是爱爸爸的，也想回应爸爸的爱。

从简单的对话中，可以归纳爸爸的冰山：拥抱是一个行为，对爸爸而言，会有美好的感觉（感受），那表示父子的亲密（观点），也来自过去未满足的期待（期待），他期待父子之间的亲密，那是一份爱的渴求（渴望）。

小祥的冰山则是这样的：拥抱是一个行为，对儿子而言，会有点尴尬（感受），因为以前爸爸没有这样拥抱他，到高中时才这样拥抱很突兀（观点）；他不知道爸爸有未满足的期待，他想满足爸爸的期待，但他也不想要这么尴尬的表达（期待）；不过小祥能理解，拥抱是爸爸在表达爱（渴望）。

我在对话中，分别呈现两人的冰山，父子之间就会有更多的理解，彼此也有更多接纳，爱也会更好地联结。

小祥的父亲童年时有个担忧，担忧爸爸出门会有危险，他担心失去爸爸。爸爸卧病多年，直到临终前，他怕会遗憾一辈子才鼓起勇气拥抱爸爸。病榻前的爸爸也吓一跳。针对爸爸的这个反应，可能出自对老一辈人的理解，小祥的父亲并未解读为"爸爸不爱他"。

小祥在家原本就少说话，随着年龄渐长，父亲逐渐感到与孩子疏远。也许这份疏远勾起父亲当初对亲情的渴求，遗憾孩子在家期间的疏远，因此决定拥抱小祥。小祥也和爷爷一样，不甚习惯爸爸突然的举动，内心感受到尴尬，因此以推开的行动表达尴尬。但小祥是个敏感的孩子，知道父亲在用拥抱表达爱他，因此我让父子俩了解彼此，了解彼此的感觉，了解彼此的爱，也接纳彼此的行为。我邀请小祥对父亲说"你不会失去我的"，是在抚慰父亲内在的担忧、害怕与孤单。父子俩因而在彼此的渴望处联结，这份渴望就是：爱与接纳。

渴望了解孩子

　　当父子的议题告一段落时，我邀请小祥的妈妈参与刚刚的对话。

　　我问妈妈："听了刚刚小祥与父亲之间的这段对话，你有什么感想？"（感受、观点）

　　妈妈说："我很开心，也很感动。"

　　我问妈妈："你自己呢？你与小祥的互动怎么样？"（应对）

　　妈妈说："不知道是不是因为长大了，小祥越来越不喜欢和我们说话。他在学校发生的事，都不想跟我们分享，常常在计算机前坐很久。"

　　我："小祥若不想分享学校的事，对你而言可以吗？他已经十七岁了？"（观点）

　　妈妈："可以呀，但是他常常都不说话，我不太了解他。"

我："了解他对你而言，意味着什么呢？我的意思是，你那么想了解他学校的事，若是你了解了，和不了解有什么不同吗？"（期待、观点）

妈妈："这样我才能知道他遇到了什么困难，可以给他一些帮助。"

我："他会遇到什么困难吗？"（事件）

妈妈："比如说人际呀，学业呀……"

我："他以前遇过这样的困难吗？"（事件）

妈妈点点头："有！他从幼儿园开始，只要转换学期阶段，都需要约一年的适应期。例如，小学升到高年级，或小学毕业后升初中，都适应得很辛苦。"

我："你是否相信他已经长大了，可以自己面对？若是需要协助，他会自己评估要不要跟你说？"（观点）

妈妈："就怕他不敢说！"

我："孩子若不想分享，通常是因为家里缺乏对话，可以检视父母言谈间是否有偏向答案、要求、道理的倾向。若对话内容是这些，孩子久而久之会不愿意分享，比较容易躲进网络的世界。"（观点）

妈妈："我们以前没有很多对话，但问他时，他都会简要地回答。现在都只用摇头或点头来回应，对话越来越少。"

我转过来问小祥："妈妈说的情况你认可吗？"（事件、应对）

小祥点点头。

我："发生了什么事呢，关于你不太爱说话？"（事件）

小祥："妈妈很唠叨。"

我："妈妈会唠叨什么呢？"（事件）

小祥："什么都会唠叨，功课、生活、电脑……"

我："那你是什么感觉？"（感受）

小祥："很烦。"

我："那就不想讲话了吗？"（应对）

小祥点点头。

我转头问妈妈："小祥这样说，你有什么感想？"（感受、观点）

妈妈："可是我担心他的健康，希望他不要熬夜、照顾好身体呀，难道我都不要说吗？"

我："你想通过唠叨得到什么呢？"（期待）

妈妈："希望他能改变呀！"

我："有达到你的期待吗？"（观点）

妈妈："没有。"

我："你希望孩子能独立吗？"（期待）

妈妈："我一直希望孩子独立。"

我请小祥配合，由我用力地抓住小祥，请小祥挣脱我，并且对小祥说："我要你独立！我要你独立！"（具体呈现我所看见的家庭互动）

妈妈看了这一幕，突然崩溃大哭了起来。

我问："发生了什么？"（感受）

妈妈很悲伤地说："我和大儿子的关系也是这样的状况。我很爱他，也希望他独立，但是他怪我管太多了……"

妈妈接下来陈述了一段她当妈妈如何辛苦，如何照顾三个孩子的经历，尤其提到三个孩子的成长过程。孩子们多少都有一些健康状况，妈妈为了照顾孩子几乎失去自己，但除了年纪还小的弟弟之外，孩子在长大的过程中都离她越来越远……

我问妈妈："你爱小祥吗？"（观点、渴望）

妈妈："我当然爱他呀！"

我："那他感受到的是妈妈的爱，还是检察官的监督呢？"（观点、渴望）

妈妈："我不知道要怎么做……"

我："你被爱过吗？"（渴望）

妈妈："有呀！"

我："说说你经验的爱，是什么样的画面。"（渴望）

妈妈："我小时候妈妈对我的爱，就是一直对我唠叨。"

我："你喜欢吗？"（期待、观点）

妈妈："我们会互相关心，但并不亲密，这一直是我的遗憾。"

我："你会不会在复制妈妈对你的态度呢？以后儿子会不会也不想跟你说话？"（观点）

妈妈："我很担心呀！但是我以前家里很贫穷，我很辛苦，要做好多家务。好像只有分担家务，在这个家才有存在的价值。但我的孩子们又不像我以前，需要做这么多的工作。"

我："但是小祥有感觉。他的感觉可能跟你以前很像，只感觉妈妈对他的唠叨，却感觉不到妈妈的爱。你想要改变吗？"（观点、期待）

妈妈点点头，表示想要改变。

我："你很小的时候，要负担那么多家务，仿佛失去自己了。现在呢？你可以怎么爱自己？你的儿子长大了，但你仍旧将目光

放在他们身上，而不是了解与照顾自己的需求。你可以怎么照顾自己呢？"（渴望）

妈妈："我已经习惯了，也不知道该怎么做。"

我："你愿意看见小祥是个独立的个体吗？相信他能做得很好，给他多一点支持与爱，但不是唠叨与控制，那会让他误会你的爱。但你是爱他的，是吗？"（渴望）

妈妈："我很爱他。"

我："在爱他之前，你需要懂得爱自己，因为当你的内在升起焦虑、担心、不安，就会复制过去妈妈的言行，小祥可能会感到困惑。"（渴望）

复制的应对姿态

我在谈话收尾处，核对妈妈会如何应对，小祥又如何看待妈妈的唠叨，也核对妈妈听了小祥的反馈，是否可以接受。这就是在核对母子双方是否相信彼此，核对彼此的内在状态。

当天，我引导小祥跟妈妈说了一段心里话："妈妈，我知道你很爱我，我也很爱你，只是你有时候太关心我，对我一直唠叨，其实你说一次就好了。我不一定会照你的想法做，但是我都听进去了……"

我与这家人对话结束了，爸爸对我提出邀请："阿建老师，你今天感动到我了，我可以抱抱你吗？"

我答应了。爸爸给我一个有力且结实的拥抱，我感受到爸爸的爱在他身体里面，那么深地存在着，那么想要表达出来。

这一次对话之后，妈妈告诉我小祥比较愿意谈话了，妈妈也比较懂得缓下来去觉察自己的内心，虽然常不知道该怎么说话。

妈妈还分享了一件事：小祥在校外住在亲戚家，有天亲戚不在，小祥起床时睡过头，并没有到校去上课，而是到麦当劳读书。小祥坐妈妈的车回家时跟妈妈分享这一段，说自己当天睡过头了，不好意思进教室，当时他有点儿为难，不知道是否要去学校上课，最终又是怎么做了决定。妈妈在聆听的当下，察觉自己想要说道理，但一经察觉，马上改变了应对的方式，先倾听孩子的叙述，再以好奇的方式关心孩子。妈妈表示自己有点担心，但是她知道担心与关心的表达不同。她很高兴孩子愿意分享自己的生活，她的内在也受到感动。

他们母子俩都关爱彼此，但遇到现实事件，不恰当的应对姿态就会让彼此困扰、困惑。妈妈的应对姿态是指责与讨好，小祥的应对姿态是打岔。我从妈妈的应对姿态出发，澄清了妈妈内在的冰山，让她看见自己的行为背后有过去的原因，也因而意识到自己应该改变。

看见母亲的冰山，小祥也表达了自己的内在，自己很爱妈妈，也能接收到妈妈的爱，但对于妈妈的应对姿态，小祥有自己的想法。当母子俩能如实表达自己，在渴望处彼此联结，妈妈的眼泪又被触动了。

和这个家庭谈话，参与一个家庭的动力[1]，让我内心非常感动，

1　家庭动力：心理学概念，指的是家庭成员之间形成的日常运作模式，不同成员之间如何相互作用和影响。

也感到爱在我体内流动。对我来说，这也是一个很特别、很疗愈的过程，我非常感激他们的前来。

我将上述文字记录给小祥妈妈看，并征得她的同意，让她在看过以后给我一段反馈。

小祥妈妈的反馈

时隔近一年，再次回溯当日对话，内心仍然澎湃汹涌，泪流不止。想到当时面对亲子无法沟通的焦虑、遍寻资源无着的无助，还好崇建老师答应和孩子谈谈，我好像在溺水时抓到一根浮木，期待老师能帮我们找出孩子心中的想法。

当天谈到很晚，回家的路上我心情非常复杂。第一次强烈而且明确地感受到先生对家人的爱，以及他深藏内心，对骤失所爱的焦虑不安；第一次听到孩子真诚表达，我说的话他都听进去了。但他有一些别的想法却没有机会表达，所以孩子是长大了，但我没察觉。第一次听孩子说他爱我们，而且知道我们爱他。这些对话给我很大的信心和能量。老师说，你们是一个充满爱的家庭，爱却没有流动，而是困住了。我想：就是因为这样，所以我一直在给，怕给不够，怕爱像水库缺水一样，量太小无法流动，因此想尽办法找爱来给，可是孩子嫌烦啊，我更困惑了……

之后我一直不敢和孩子谈话，因为不知道怎么说孩子才不烦。其实，崇建老师在上一次谈话中，早已窥探出我此刻的课题不是亲子沟通。重新整理我自己的生命脉络，才是更迫切的功课。

孩子就像父母的一面镜子，亲子关系如实呈现了我们的夫妻关系。完全意料之外的，当我重新看到自己，并且学习接纳自己、尊重自己，以及爱自己之后，我看到我们家的爱像一座巨大的冰山，开始一点一点融化，并且在家人间缓缓流动。非常神奇！接着，就看到了孩子的改变。

其实孩子一直很细腻、专注地观察我们，我们细微的改变他都看在眼里。今年父亲节时，孩子在卡片中娓娓叙述他从父亲沟通方式的改变，感受到父亲对他的关心和爱，第一次让凡事超理智的摩羯座父亲感动到泪流满面。

问题解决不是一蹴而就的，爱的冰山依旧巍峨耸立。我过去只是急切想要解决亲子沟通的困难，现在学会放慢脚步去欣赏每个孩子的独特性，也因此常有惊喜。

第十一章

扩散——教学中的反馈

将萨提亚模式带入日常，
成为生活与教学的一部分，
开发出更多元有效的培训，
并且导入体验性的课程，
影响的教师与父母将更多。

过去在各地讲座，或者办工作坊，我大抵承袭萨提亚导师，尤其是贝曼老师教给我的工作坊学习法。我依照他教导的脉络，介绍应对姿态、冰山、互动要素与家庭图，甚少开发新的教学方式。

　　该如何将冰山对话更系统地落实在生活中，甚至更系统地落实于教学，大概是这三年才开始思索的。

　　这些因缘来自张辉诚老师，他是"学思达"[1]的创立者。他初识萨提亚模式，便积极将萨提亚模式导入教学培训，不仅亲身实践，也积极推广，在各地举办讲座和工作坊。

　　本书最后一章，将呈现老师们如何将冰山对话带至教学现场，在短短的学习时间内，便让人有所体悟与实践，让人大为振奋与感动。其后罗列的分享，除来自罗志仲老师外，也包括"学思达"开放课堂的教师。我也在各分享文之后记录观察心得，以便更多读者学习。

---

[1]　"学思达"是一种以学生为课堂主角的教学法，它培养学生三大核心能力：自学、思考、表达（故命名"学思达"），以期改变传统的填鸭式教学。

一、与父亲和解
——罗志仲老师的分享

四十岁之前，我曾和父亲十多年不说话。到底是谁先不跟对方说话，早已不可考了。这十多年间，我们大多时候同住一个屋檐下，几乎天天碰面，碰了面却无动于衷，将对方视为路人甚至空气。如今回想起来真是不可思议。但对当时的我们而言，这是日常生活的一部分，如同吃饭、喝水般早已习惯了。偶尔有话需要告诉对方，便透过母亲转达。

如果生命没有发生任何突如其来的意外，我应该一辈子都不会和父亲说话、和解吧。

2014 年 8 月，母亲发生车祸，再也不曾醒来，二十一天后便过世了。那年我四十岁，父亲七十岁。在失去了母亲这个居中传话者之后，我们父子终于不得不重新面对彼此了。

面对彼此是一回事，但距离和解还很遥远。我要拿什么修补父子关系呢？

不讲话的父子

而今，母亲过世三年多了，我已与父亲和解。父子关系若满分为 10，我们曾 0 分多年，眼下已来到 9 分。这个过程很艰难，我很庆幸自己走过来了。

母亲车祸过世前一年，我的大学学长李崇建推荐我去参加萨提亚模式工作坊。当时，我根本不知道萨提亚模式是什么，也不确定是否要全程参与。工作坊共三天，第一天结束后我不置可否，既不排斥，也谈不上喜欢。第二天一早，我坐在家门口，犹豫着要不要绑鞋带，电视正在直播 NBA 总冠军赛呢，我似乎应该留在家里为我支持的球队加油。

最终，我系上了鞋带，继续去参加工作坊。第二天的工作坊结束后，我的内在发生了很大的蜕变，强烈的宁静与喜悦自内源源不绝涌出！那是此生未有之经验，我的生命自此不同了。

那天早上，我也可能不绑鞋带，留在家里看比赛。我支持的球队当年铩羽而归，隔年完美反击。我不知道，要是我错过了后两日的工作坊，我会和我支持的球队一样有另一次蜕变的机会吗？

这或许是命运的安排吧！

与自己和解，与父亲和解

父亲因行动不便，生活难以自理，目前在养老院住着，接受妥善的照顾。我每一两周去看他一次，每次都会有或短或长的对话。最近一次见他体重增加，说话清楚，走路稳健，我很高兴。但他总对自己不满意，尤其对于走路一事，不时感叹自己没有进步，我遂与他对话十多分钟，以下节录一些片段。

"爸，你现在不扶着轮椅，可以走多远呢？"
"快半小时吧。"
"可以走这么远呀。你是从什么时候开始能走这么远的呢？"
"一个多月前吧。"
"在那之前，你可以走多远？"

"大约十分钟。"

"从十分钟到半小时，这个进步不小，你是怎么做到的？"

"我每天都有练习，早上练习半小时，中午又练习半小时。"

"哇，你很努力嘛，难怪进步这么多。你怎么会觉得自己没有进步呢？"

父亲摇头无语。

"那你希望自己能进步到什么程度呢？"

"当然最好能像以前那样，想走多远就走多远，而且不必扶着轮椅。"

他摇摇头，叹口气："但这阵子一直都没进步。"

"现在这样每天练习，有遇到什么困难吗？"

"早上走半小时，还不错；中午再走半小时，腿就酸了。"父亲沉思了一会儿，"腿酸好像会累积下来，没办法走得更远。"

"你有考虑过调整练习的方式吗？"

父亲再度陷入沉思："中午练习时，不要走太久，腿就不容易酸，或许隔天早上就能走得更远一点吧。你觉得怎么样？"

"听起来很不错，你想什么时候开始试试呢？"

"嗯，明天开始吧。"

在这场简单、轻松的对话中，我并未设定目标，也没打算改变父亲，只是顺着对话的气氛走，想不到就能帮助父亲看到卡住的点，并且找到适合他努力的方式。这几年学会对话，真是送给自己与父亲最大的礼物。

临走前，我照例抱抱父亲。和绝大多数的家庭一样，我的原生家庭中并没有对话与拥抱，这些都是我这几年才学习的。我也长期跟着崇建学习冰山与对话，他曾好奇地问我："你是怎么在对话上进展得这么快速的？"我想到了几个原因。

学习萨提亚模式的契机

几年前，我曾在崇建的作文班上观课两年，尽管那时我并无对话意识，亦不知冰山理论，只是从一开始的听故事，到后来的学习教作文。持续两年浸润在那样的课堂气氛下，他与学生对话时的用词、语态、声调、回应，早已进入我的血液中，成为丰沃的养分。

在母亲猝逝后的父子激烈冲突期间，我常找崇建谈话，以处理内在深沉的痛苦。那些谈话，不仅帮助我走过失落与悲伤、愤怒与自责，也得以在两年内与父亲和解，更因此感受到对话的力量。

此外，只要是崇建提过的书，我都找来读，我用这种亦步亦趋的方式跟着他学习，以开拓自己的视野。读了《刻意练习》，方知我过去几年的成长，原来与"刻意练习"的原则暗合——以顶尖专家为师，向他学习。

当然，我的刻意练习是误打误撞的，我一开始只想以教写作为生，从未想过自己能够对话。但如此不刻意的刻意练习，或许正是生命中最有趣的安排吧。

以冰山对话帮助他人

如今，我常在课堂与课外，与有需要的孩子或家长对话，让我印象特别深刻的，是小学六年级男孩阿牧。

阿牧来上作文课超过半年了，有时能顺利完成一篇还不错的文章，有时则一个字都写不出来。我和他谈过几次话，进展十分缓慢。缓慢从来不是问题，着急才是。我让自己配合他的速度，而不是让他来配合我。他愿意多说，我们便谈得久一点；他不愿意说，我也无妨，我可以等待。

有次，阿牧又一个字都写不出来了。我再次找他谈话。他仍然卡在同一个点上：他不允许自己写不好。我问他：如果写不好，会发生什么事呢？

"作文就是要写好啊，怎么可以写不好呢？"他如此回应。

我再问他：如果写不好，会有人责备他吗？爸爸？妈妈？还是老师呢？

阿牧摇摇头，没有人会责备他。

"那你会责备自己吗？"他点点头。他是个自我要求很高的人。

那么，又是什么让他对自己要求这么高呢？他可以从严格的自我要求里得到什么呢？

阿牧希望自己成为一个更好的人。他觉得自己在各方面都不好，因此很努力让自己变好。我请他用1到10分量化评估自己的努力程度。他表示，他很努力时，有8分；普通努力时，则有6分。但他对此一点都不满意，他希望自己在每件事情上，都能有10分的努力。

我微微叹了口气："你好努力啊。你这么努力，效果好吗？有让自己成为更好的人吗？"

"没有……"阿牧缓缓低下了头。

我猜想，他有情绪上来了。"你现在有什么感觉呢？"

他低着头好一会儿，开始揉眼睛："难过……"泪水滴落桌面。

我让他静静哭了一会儿，才递了几张面纸给他。"你难过什么呢？"

"我难过我作文写不出来，别人都写得出来。"

"那你有生自己的气吗？"

"有……"阿牧的泪水不断涌出。

待他泪水稍缓，我停留在"努力"这点上，与他多一些核对。让我惊讶的是，阿牧始终无法欣赏自己的努力，对他而言，结果永远比过程重要。

"我邀请你想象一下：你的身旁坐了一个年纪跟你一样大的男孩，他也遇到了跟你一样的情形，他一个字都写不出来，但是他很努力，有时咬着笔杆拼命想，有时翻开课本找灵感，但最后，还是写不出来。你会责骂他、看不起他吗？"

"不会，因为他努力过了。"

"如果你的身旁坐的是你，而不是别人，你能欣赏他的努力吗？"

"没办法。"他坚决地摇摇头。

"你能欣赏别人的努力，而无法欣赏自己的努力，是什么原因呢？"

"我和他不同，我对自己的要求比较高。"

"你从什么时候开始对自己要求这么高的？"

四年级时，阿牧考试考差了，开始对自己严格要求。

"你对自己这么严格，你快乐吗？你喜欢这样的自己吗？"

阿牧不断摇头，持续用面纸拭泪。

"既然不快乐，也不喜欢这样的自己，你有试过其他的方法吗？你想试试看吗？"

阿牧想试试。

我先在这里停顿，确认刚刚的谈话并未让他感到不舒服。接着，我问他："从刚才的谈话中，你能感受到我很关心你吗？"

他点头。

"我有个邀请，如果你不同意，可以拒绝我。"

他同意了。

"我很关心你，我可以抱抱你吗？"

阿牧开始大哭，无法自已，哭到后面，身体不时抽搐着。

哭了好一会儿后，阿牧站起身来，我也站了起来，抱住他，他也抱住了我。他的个子不小了，到我的胸口呢。我拍拍他的背：

"阿牧，谢谢你愿意告诉我这些，你很有勇气，许多大人都不敢把自己的脆弱告诉别人呢。你也很努力，你每次在作文课的努力我都看到了。那你自己看到了吗？你可以欣赏自己的勇气与努力吗？作文有时写不出来可以慢慢来，我会陪你。你愿意也给自己一些时间吗？以后遇到困难时，你愿意告诉我吗？"

阿牧不断点头，也不断哭泣。

接纳的拥抱

与阿牧谈话之初，我的目标是：他先能写出来，哪怕写得再差都无妨。过了不久，我发现他真正的困难在于不允许自己写得差，因此我很快调整了目标：探索他无法接纳自己的原因，也引

156

导他接纳自己。

通常，我在这个环节做得很顺畅，无论对象是孩子或者家长，我都能成功引导他们与自己和解。然而，或许是阿牧的完美主义倾向太强烈，很难接纳自己的不完美，也或许是我们的谈话时间不够长，探索与体验都不够充足，总之这次我并不太成功。我不得不再次调整目标：接纳这样的阿牧，也接纳这样的自己。

如果我不能先接纳自己，我怎么可能真正接纳阿牧呢？阿牧又怎么可能在与一个不接纳自己的大人谈话后，做到接纳自己呢？

因此，我在当下做了两个"第一次"的决定：第一次在谈话中拥抱孩子，第一次在作文课允许孩子交白卷。

对我而言，拥抱不是一种技巧，而是情感自然而然的流动。在那一刻，我就是想抱抱这个对自己好严苛的男孩，多给他一些爱与支持。经由拥抱，我想传达给他的是：就算你写不出一个字，就算你无法接纳自己，我会一样关心你、接纳你。

阿牧之所以放声大哭，或许是因为感受到我对他无条件的关心与接纳吧。

而在不断调整目标的过程中，我也接纳了自己。

接纳自己是个甚为不易的议题。在成长过程中，除非有大人愿意敞开心胸接纳我们，否则我们难以学会接纳自己。阿牧还无法自我接纳，这无妨，我可以成为接纳他的那个大人。我能接纳自己也不过是这几年的事而已，如今，我也可以接纳其他人了。

在这段学习对话的历程中，我发现深刻的对话并不容易，不仅要有技巧、经验，更要内在和谐。如果我们无法健康处理与父母、与自己的关系，对话就不可能走得太深。

在日常生活与课堂中，只要会简单的对话就够用了。深刻的对话并不容易，简单的对话则人人可学。我在工作坊里常看到许多家长与老师经由刻意练习，学会了简单的表达与对话，他们回到家庭与课堂后，与家人、学生的关系都大有改善。

家庭与学校是每个人一生的基础，我们曾经怎么被对待，日后也会那样对待自己与他人。若有更多大人学会对话，我们的孩子便有福了，孩子将会在爱与自由中成长，并且能看见自己的价值。

阿建老师的解说

志仲分享的这一篇对话，与父亲的部分内容运用了简单的"回溯"。

"可以走这么远呀。你是从什么时候开始能走这么远的呢？"聚焦于父亲开始练习走路，带至父亲回忆走路的时间，亦具体核对了父亲的认知。志仲继而用正向、好奇的态度，关注父亲是如何做到的。先进入父亲的期待，好奇父亲可以怎么达成期待，引导父亲进入深思，如何确认自己是否达成期待，再落实于好奇父亲如何实践。

志仲的对话虽然简单，却很深刻。不给建

议，不给道理，不给予安慰似的讨好，也不给予含糊应对，父亲就能有所实践。

志仲离开前拥抱父亲，这一个拥抱志仲渴望了多年，今年可以开始拥抱父亲，这是一件多不容易的事啊。他的改变如此之大，实践了自我冰山的转化，落实于亲子关系，这也是我赞叹不已之处。我聆听他与父亲的冲突、疏离和怨怼多年，最终能疏通彼此的冰山，这是一份多大的礼物。 从一个孤僻疏离的个体，到与父亲的和谐安然，欢喜与父亲共处每一段时光，让身心都感到俱足盈满，那是一段多美丽的旅途。

他与学生阿牧的对话，更是直指阿牧的内在，在阿牧的渴望处着力。志仲这几年来的姿态，从愤怒、疏离、不群，转为定静、和谐、安稳，因此对话迅速转入渴望，引导阿牧与自我接触，并且给阿牧一个拥抱，让阿牧体验一位教师的接纳，以及一种辽阔的爱。从阿牧哭泣开始，他慢慢开启了疗愈。

罗志仲 1993 年进入东海大学中文系，当年他大学一年级，我已经大学四年级了，他是我的学弟。但我们见面不多，互动应该也不多，但是他后来提及，那一年的大学时光我曾写过两封信勉励他。我向来与人疏离，写两封信勉励学弟，实在不是我的风格，可能是从学妹处听闻志仲要休学，想尽尽学长的义务吧！此后我们便无联络了。直至2005年，志仲突然到我任教的山中学校，想看看学校的上课情况，我们这才又有零星互动。

志仲偶尔来帮我代课。直到三四年前志仲提出要来写作班观课，我们才开始频繁互动。

志仲不仅每周准时来观课，我更邀请他在课堂讲故事。志仲是台湾"清华大学"中文博士，在各个大学担任讲师，竟也愿意接受这份邀请，我以为这是他很难得的特质，由此可见他的实践力，不难说明他后来拥抱父亲，更勇敢提出拥抱阿牧的邀请，已经在他生命中显现"蛛丝马迹"。

他观课整整一年，当隔年春天结束，夏季课程重复来临时，他竟又出现在教室，我请他不必再来了，因为他已经听过了。但是他给我一个很有意思的理由：第一年听我讲故事，听着听着，发现我在课堂与孩子的对话很特别，因为一般人不那么对话，他甚至在心里揣摩对话，又揣摩不出来个所以然。

他又来课堂将近一年。我不知道他当初观

课的起心动念，但由此可见志仲观课、学习的积极，并且能持续下去，直到他卓然成家，成为一个自由运用对话与冰山的导师。

这几年，志仲在困顿时打电话来，甚至邀约我谈话。我犹记得与父亲的心结是他最困顿的点。他曾经请我与他父亲对话，企图通过我改变他父亲。但是我问他，是他希望父亲来，还是他要求父亲来？他坦承是他希望父亲来，我因此要他改变自己。他竟然主动找我对话了。

他常与我分享谈话、演讲与工作坊的体会。我除了分享自己的心得，也给予他一些反馈，他都欣然接纳，更在与人对话卡住时，邀请我与那人对话，他在一旁观看与记录。

这是罗志仲老师与我的一段经历，我叙述如此详尽，有三个重点想说明。其一是志仲是我所有认识的人中，学习萨提亚模式的冰山与对话最快速且最得精髓者，不仅如我一般能在现场示范对话，更能熟练地进入他人的冰山。他的认真投入对话，让我目睹一个人的转变，以及专业的日益成熟，我认为人人都可以如此，像志仲与我一样。志仲是一个典范。

其二是志仲的努力态度，当他内在卡住，会

不断向我求教，重新探索与重整他的冰山。此点除了显示他的积极，也显示他一开始不承认自己内在的冲撞，最终趋于更宁静和谐的状态。他做了一个最坦然的示范。

其三是志仲剑及屡及的自学，我所有阅读的书籍，他几乎都买来阅读，这样的好处是什么呢？能在与我对话时针对阅读讨论，深化彼此的阅读认识。

志仲这一年成长迅速，恰巧能帮助更多教师，他将萨提亚模式导入教师训练，很多段落的设计都很精彩，他对课程改造更快速，导入更实际有效，甚至已经超越了我的课程带领，让我无比赞叹。

这五年来，我年年都工作过量，不曾感到疲惫，但是幸得志仲的出现，将冰山对话带得如此出色，已经可以取我而代之，而且他已经四处开讲座，分享亲子教养、师生沟通、班级经营、生命书写工作坊。他融入了自我所学的知识，更加上自己原本所长，带出一条与我有别的工作坊路线，我看着他一路走来，无比欣赏他的成长。我征得他同意将电子邮件信箱附上，以便更多需要的人邀约：saidmolo@gmail.com。

二、觉察自己
——郭进成老师的分享

一个毕业生给我的毕业谢师卡上，有段话给了我宽慰。

她说："您教给我的东西，我有些不小心忘记了。但我会努力记得您想提醒我们的事：不要轻易接受主流框架，要省思，要质疑。"

其实，她也提醒我，要懂得柔和圆融的人际相处之道，不要太激进。

我也想告诉有时比较严厉的自己，孩子就是会不小心忘记了，或没有如我的期待表现。面对这样的状态，我是不是能和当下的自己、和内在的情绪相处？

当下的内在有哪些情绪呢？生气与焦躁。生气什么呢？生气孩子忘记了。焦虑自己没有时间去处理不断同样发生的事。但因为这几年接触到李崇建老师，开始学习萨提亚模式的沟通姿态后，我开始能看见自己的冰山，也慢慢懂得学生的冰山。

阿建老师提醒了我，萨提亚模式中的一致性是对自己。先安住自己的内心，正视与觉察自己的情绪，当我的内心沉静了，和学生的互动质量会比较好。

以"怎么了"开启与孩子的对话

例如，前两天课堂上，我询问小羽问题，请她站起来回答，她不站起来，也不回答。如果是过往，我一定会惯性反应，大声斥责学生不专心或不尊重老师。现在的我在这一刹那刻意多了点停顿，注意到自己的内在发生了很明显的变化，辨视出自己的情绪有很大的翻搅。我决定不再以惯性反应来处理。

我对小羽说："你不站起来回答吗？好，请你要专心上课。"这时，我才察觉到她似乎僵住了。过了一会儿，她才恢复常态埋头写课堂引导单。

我好奇她发生了什么，于是趁着学生自学阶段，走过去问了她一句："怎么了？"小羽的眼眶开始汇集泪水。我问她发生什么事，只是担心她无法回答我的问题吗？因为自学时间很快就结束了，我匆匆对小羽说："下课请你留下来，我想和你谈话。"

下课后，我留了两个孩子分头谈话。我先找小羽对话，谈话前我深呼吸，调整自己的内心，确定没有负面情绪后，才对孩子说："可以说说刚刚怎么了吗？"

小羽直摇头。

我接着说："老师很关心你的感受，可以告诉我发生什么事吗？你刚刚没有回答问题。你愿意告诉我吗？"

小羽还是没有回答，只是轻轻摇头。

这时，我的情绪又涌上来了。我再次调整。我的情绪因为问话受挫而感到烦躁。这时我在心里退了一步，提醒自己可以有不同的选择，先不要追根究底，先关心她这个人。所以，调整完呼吸和内心后，我简单地再询问她的意愿，确定她不想说话后，就让她离开了。

这个过程大概五分钟，但对我来说，是好几年的缓慢成长。我很欣赏自己今天和孩子的互动方式，因为我没有像以往那么咄咄逼人，而是愿意给彼此更多的缓冲。

有时遇到孩子犯错，我会学习崇建老师的问话："你是故意的吗？"孩子回答"不是"，却也透露着愧色。这时，我就可以和孩子谈话。

"我看到你的表情有一些变化，你想到了什么吗？愿意和我说说吗？"

学生也比较愿意多点回应。

其实，关键不是我到底和孩子说了什么，而是我怎么说。

退一步倾听

当我学会了后退一步探询的谈话姿态时，也因此发现此时和孩子的对话比较有质量，不容易滋生更多的情绪。孩子也能因此平静下来。

没错，是我的"自在"帮助了彼此调整心境：我看见了我在生气，愿意进一步和自己的生气多点相处。

什么时候和学生进行谈话是我可以选择的。如何和学生进行谈话也是我可以选择的，我常常走进原本的习惯里，幸好，现在看到那条熟悉异常的街景时会有所觉察，提醒自己不妨换条路走。有时却不能，我也常不小心走回头路。

走错路，就停下来一会儿，确认一下，再掉转方向就好。给眼前犯错的学生和犯错的自己换个对话的方式就好。

不只如此，在课堂中运用适当的对话技巧也可以帮助我更了解学生，帮助学生体验到更好的学习效果。

例如，有一次课程的内容是请学生上台，分享自己玩过最有感觉、最印象深刻的一款游戏，报告三分钟就好。我前几周就请学生开始准备，写讲稿，大约六百字。为了增加学生上台报告的动力，上周还特别放了"游戏改变世界"的 TED 演讲。

对学生来说，游戏真是一门学问，又好玩又有意义。但很多大人都不能理解。如果你有机会向大家介绍你喜欢的游戏，你有三分钟，你想说什么呢？

终于到了今天的上台分享时刻。孩子们介绍了捉迷藏、密室脱逃（手游、计算机、实体）、阴阳师手游、大老二等各式各样的游戏。我在台下真是大开眼界，也更了解他们的世界。介绍这些游戏的学生几乎都能如数家珍地加以说明，太有趣了。

最后一个上台报告的女孩是一个话很少、上课参与度不太高的学生。我有点好奇她想分享的游戏是什么。

"我想分享的游戏是捉迷藏，捉迷藏大概可分三种类型，一种是传统捉迷藏，另一种是替死鬼捉迷藏，最后是我最爱玩的感染捉迷藏。我常玩最后一种，我都是赢家。"

报告结束。

我笑笑，问她可否简单介绍那三种捉迷藏的差别。她才进一步清楚说明了三者区别。

我再问："你说你喜欢玩第三种，而且也赢了，可否说一下是在哪里玩的，什么时候玩的，如何赢的？"

天哪，我现在好庆幸自己懂得和孩子对话时要多询问细节。一问之下，简直挖到宝啊。

她说她是在小学六年级毕业旅行时，召集同校四十五个不同班的同学一起在某个游乐园玩的。

"你筹划的？"

"对啊，我还有制作名单，让当鬼的人确认有没有捉到该捉的人。"

"你们的活动范围呢？"

"整个游乐园啊。"

"玩了多久？"

"两个多小时。"

"你都是赢家？怎么赢的？"

"我躲在摩天轮里。"

"哇，厉害。还有呢？"

"旋转木马。"

"最惊险的部分是什么？"

"有一回我躲在草丛中，差点被'鬼'看到，幸好我朝远处丢东西，引开他注意。"

今天刚好有老师前来观课，课后和她讨论，问及她的想法时，这位老师说，这个孩子根本就是游戏设计师啊。

我也这么想。她能主动召集一群不同班的同学，还懂得制作名单让"鬼"确认，真的很厉害，很出乎我意料。没想到这个上课总是趴在桌上的孩子，也有这么一段传奇往事。

要不是我展开这样的对话，又怎么可能挖掘出学生这么丰富又极具创意的过往呢？能够采取这样的对话，真的让我更容易了解学生的人生故事。

阿建老师的解说

初遇郭进成老师，我印象非常深刻，那是2013年在静宜大学，进成同夫人马琇芬老师参加研习。我在台前示范冰山对话，示范的对话者垂泪失声，台下的进成也泣不成声，乃至他发言反馈时，数度哽咽不能言语。

我看见一位性情率真的男人，毫不掩饰自己的眼泪，展现了大方且深情的一面。近一年来，我常见进成夫妻，他们多次参与萨提亚模式研习，并将对话应用于教学现场。

进成此篇分享的内涵，不只是如何与孩子对话，最精彩的地方，是他真诚地面对自己，看见并检视了自己冰山流动的那一瞬间。当小羽不想说话，进成用寥寥数语表达了冰山。熟知冰山系统者，应看出这多不容易！我仿佛看见他内在的冰山，是如何经历冲击与转换的。进成简短的文字，让我也经历了他冰山的挣扎、澄清与决定。那是一个冰山学习者的自我剖析，相当珍贵且值得借鉴，非常适合所有学习冰山者参考。

进成的第二个范例运用了"回溯"方式，好奇孩子的生命。我在冰山工作坊邀请学员，将"回溯"刻意带入生活对话，也刻意带入冰山前探索。进成的运用如此自然，在课堂中的回溯对话带来更丰富的发现，也让自己更亲近、了解孩子。

三、学习原谅的孩子
——蔡志豪老师的分享

小连是班干部，上课前负责提醒同学排队，却连续两次忘记。

我说："怎么了？你是故意的吗？"

小连："不是。"

我："那怎么办呢？要怎么提醒自己？"

小连："……"

我："需要老师提供你想法试试看吗？"

小连："好。"

我："写一张便条纸在桌上，随时提醒自己，好吗？"

小连还是有忘记的时候，他下一次忘记时，我便口头提醒。

当他第三次忘记，我除了口头提醒，还请他留下来对话。

我："怎么还是忘记提醒同学呢？你用了老师的方法吗？"

小连："……"

我："小连啊，老师很好奇，你这次是故意忘记的吗？"

小连："不是。"

我："那发生了什么事，让你不是故意忘记，却还是忘记了呢？"

小连："……"

我（我根据我的观察给予封闭的选项）："下课在跟同学玩吗？"

小连："嗯。"

我："你喜欢跟同学玩吗？"

小连："嗯。"

我："谢谢你啊，我知道了。"（曾耳闻小连在之前的学校和同学相处似乎有一些状况，于是我深呼吸，继续问）

我："那你比较喜欢之前学校的同学，还是现在的同学呢？"

小连："现在的。"

我："小连啊，我很好奇，你怎么会比较不喜欢以前的同学呢？"

小连（开始哽咽落泪）："因为我以前被排挤。"

我："怎么会这样呢？被排挤很难过，对吗？"

小连："嗯。"

我："我知道你很难过，你还想继续跟老师分享吗？"

小连点点头："嗯。"

被排挤的过去

接着我利用核对与探索，得到大约是如下的信息——

小连之前一直跟一位同学很要好，也常常玩在一起。但或许小连太重视这位朋友了，而不准这位朋友跟其他同学要好。于是，有一天，这个同学突然不跟他好了，似乎也联合班上其他同学一起排挤他。

那是小连最好的朋友，因此小连很难过。

我接着问："你现在还生小纸（化名）的气吗？"

小连："没有。"

我："谢谢你。老师很好奇，如果是我，我会觉得生气呢。所以你只是难过而没有生气吗？"

小连："嗯。"

我："那我觉得你挺了不起的，可以原谅别人呢。小连啊，假设，我要请你跟两年前被排挤的自己说说话，你会想说什么话安慰他呢？"

小连："不知道。"

我："嗯，我知道了。那……你想听听老师的意见吗？"

小连："好啊。"

我："嗯。谢谢你。那我们来试试看喔。我把你当成那时候的你来对话喔。"

"小连啊。小纸本来是你最好的朋友，但他却突然不理你了，而且还跟全班同学说不要理你。我知道你一定很难过又很孤单。即使如此，你还是很努力地忍耐，忍耐着不让老师或其他同学发觉。又要忍受难过孤单，又要表现不在乎，你真的很努力啊。谢谢你。我只是要让你知道，我会爱你。"

小连边听边落泪。

我："这样说可以吗？"

小连："嗯。"

我："好啊，谢谢你愿意听。那假设小纸现在坐在这里，你有没有什么话想要跟他说呢？"

小连："我不知道。"

我："嗯，那老师也说给你听，参考看看好吗？'小纸，谢谢你曾经是我最好的朋友。或许我做了一些事情让你讨厌我，但我想让你知道，我真的不是故意的，我还是很想跟你做好朋友的。虽然后来你讨厌我，让我很难过，但可能你的心里也一样难过吧。我想要原谅你，希望你也能原谅我。'"

小连又泣不成声。

我："小连啊，谢谢你陪老师聊。我现在想问你，你知道有谁会爱你吗？"

小连："我自己、老师、家人。"

我："谢谢你啊！是啊，还有很多人会爱你喔。"

感想与学习

我在班上进行萨提亚模式对话的心得是：好奇事件背后的困难，就会看到一个人的资源。

平心而论，在班上要进行这样的对话练习是不容易的。因为，在一般习惯的互动中，师生总是对立的，当老师想跟孩子对话时（通常是训话），都是孩子有了状况，才会被老师找来对话。当习惯了这种模式，孩子一开始面对老师（或大人）时，自然就开启了防卫模式，想为自己脱罪或辩解。

因此面对孩子的错误，我努力练习：先深呼吸，先抽离我想

172

解决问题、想说教的习惯。慢慢开始试着好奇他的选择，慢慢能更真诚地询问他，发生了什么事。而这个好奇的理由就是，一个人不是故意这么做，却还是这么做了，其中一定有他的苦衷。我好奇也心疼他的选择，因为如果他不是故意的，当我指出他的错误时，其实孩子也会自责。

但在真正的对话之前，其实我还有一个关卡，就是我没办法只叫孩子的名字。因为阿建老师说，对话中的停顿很重要，而叫对方的名字是很重要的一个停顿技巧。如果只叫名，会让对方有较放松、较亲切的感觉。

可是以往我要叫孩子的名字时，总是有事需要处理了，才会叫他的姓名。而且既然要处理事情，我自然就会用威严（或威胁）的口气，连名带姓、充满霸气地叫学生过来。

但当我开始对学生练习萨提亚模式的对话时，突然发现我没办法只叫学生的名字，那种情境使我卡住了。那是一种很难言喻的感觉，很不对劲！对我来说，这就是所谓的体验吧。原来，体验自己的冰山框架，真的需要练习，才有机会突破。于是，在卡了很多次之后，我终于可以比较坦然地只叫学生的名字来和他们对话了。

我发现，当我开始面对事件时不说教、不指责，孩子似乎比较能够卸下心防，愿意分享他的内在。因为孩子发现，我们找他对话，不是要教训他，而只是陪他一起，好奇他的选择。很多时候，孩子紧张的情绪一松懈，眼泪自然就流了下来。许多原本我们以为的爱计较、爱找麻烦、不负责任的孩子，就在那时，松动了他对自己的认知。

阿建老师的解说

我与蔡志豪老师相识于 2017 年 2 月的三天萨提亚模式研习，志豪老师很有活力，言谈充满着幽默感，对学习充满热情。

再次见到志豪，已时隔半年。我看见志豪坐落席间，与发言的老师互动应答，思维严谨且不疾不徐，姿态沉静专注且和谐，与我半年前的印象不同。我很赞叹志守护的宁静和谐，与我初遇的面貌大不相同，那是他生命丰富的一面。

志豪书写的事件，是当学生干部失职了教师如何应对。除了在协助孩子去负起责任之外，是否还有更多元的方向去了解、接纳与引导孩子，深入问题的成因，成为孩子生命中温暖、坚定的存在？

近年脑神经科学发展惊人，新发现指出神经元的某个回路一再被活化，就会成为一个预设状态。因此，人一直发脾气，遇到特定的人和事物而变得浮躁，乃至孩子分心、晃荡不安，都可能与成长期间被对待的方式有关。当人感到安全与被爱时，大脑就会擅长探索、游戏与合作；当人常感到恐惧与不被需要，大脑会专门处理害怕与被遗弃的感觉。小连经常忽略职责，分心而不在状况中，这样的情况属非理性行为，如果大人仅以理性应对，通常对孩子没有帮助。

志豪一开始的处理，虽然针对的还是问题的解决，但是他甚为细腻地核对，期望孩子能觉察，改善疏忽职守的状况。小连又疏忽了几次，志豪便接着关心小连怎么了。

在志豪与小连的对话中，小连几乎沉默以对，我脑海里不禁呈现出小连紧张的画面，也许并非如此，因为志豪并未着墨。志豪关心小连这个人，不是指责他未尽责，而是以一个导师的敏锐度，理解孩子很重视朋友，因玩耍而忽略了职责，志豪很敏锐地好奇："那你比较喜欢之前学校的同学，还是现在的同学呢？"

这样的一句话切入了小连的冰山，开启了小连一连串过往的回忆，志豪甚有耐心地在小连"渴望"的层次进行了滋养。这是冰山对话中最深刻也最不易进入的对话，尤其志豪是以导师的身份，而非专业辅导者的身份，让小连接触"自我"。在冰山脉络中，联结渴望、接触自我，是转化的一部分，在脑神经科学看来这属于非理性回应的一部分，却是孩子最需要，也最能转变的一部分；这一部分的工作如能顺利完成，孩子的脑神经回路也会发生更动。

志豪与小连的对话，让我无比赞叹。

然而志豪的对话甚不易，不只引导不易，就连唤学生名字都很难做到，屡屡卡住。我犹记得在初认识的工作坊中，志豪似乎提及过唤名的困难，不过半年多的时间，志豪已经很习惯唤名，内在也比较放松了。这是透过外在的改变，影响了内在的冰山，志豪的分享太有意义了。

四、被误解的孩子
——黄尹歆老师的分享

钟声已敲响，外扫区的几个人才刚进教室，赶着收拾书包要去音乐教室上第七节课。这时卫生委员告状：小胜没去外扫区。

跟卫生委员不太对付的小胜，这时满头大汗、脸部扭曲地出现在门口。

我问："小胜，你没去外扫区吗？"

小胜："我去交健教考卷了啊。等我去外扫区的时候，他们已经走了！"

卫生委员："你真的有去吗？"

小胜对着卫生委员大骂，接着咆哮："我在办公室等健教老师啊！"

经过卫生委员的桌子时，小胜用力地敲了他的桌面。

"敲坏要赔的啊！"卫生委员冷冷地说，离开了教室。

"×！"小胜又对他大骂脏话。

我让其他人先离开，并交代他们跟音乐老师说明一下情况。

我请小胜先坐下来。

我问："怎么了？"

小胜眼眶竟然就红了，说："老师说要登记成绩，第七节课以前要送到办公室，所以我先拿去办公室啊！我又不是没去外扫区！"

我问："你很生气？"

小胜看前方，不看我。

我继续问："因为被误会吗？"

小胜点头。

看着小胜，我停顿了一下。"以前有被误会的经历吗？"

小胜说："有。"

我问："很难过吗？"

小胜用衣服擦眼角。

我继续问："被谁误会？"

小胜说："妈妈。"

我："你要告诉老师吗？"

小胜顿了一下，摇头，再次用衣服擦眼泪。

看小胜难过，我也感到心酸，想起专辅老师告诉我，他小学五六年级时因为父母闹离婚几乎要拒学的过往……

我："没关系，哪一天你想说了再告诉老师好吗？"

小胜点头。

我说："到时候我们可以想一想，以后再被别人误会时我们可以怎么做？"

我起身去开了电风扇，此时教室里跟烤箱似的。

随后，我问："你现在好多了吗？"

小胜点头。

我问："你知道卫生委员为什么这么在意你没到吗？"

小胜愣了一下，说不知道。

我接着说："外扫区没做好，他第一个要被学务处扣分啊，所以压力很大。你可以理解他的难处吗？"

小胜说可以。

我说："好，你要去上音乐课了吗？"

小胜点点头。

背起书包离开的小胜，神情已柔和许多。

以前，我大概会先教训小胜："干吗这么容易生气？而且还骂脏话！"再以卫生委员的压力来说服他要有同理心，也就是先压下学生的怒气再导之以理，通常学生会因为我是老师而耐着性子听话，气最终还是会消，但过程总是很费力，比之于今天的经历，先关心孩子的情绪，孩子的愤怒竟然马上就降下来了，我非常惊讶。

感受蕴藏在冰山底下的秘密吧，孩子已经用眼泪告诉我：老师，我的愤怒中有从前的委屈。

我会静静等待那个故事的到来。

学习萨提亚模式的改变

认识崇建老师后，我去年开始参加高雄市教师会举办的"萨提亚成长课程"。我以为学了之后可以带回学校，帮助其他老师和学生，殊不知，萨提亚模式的内涵是"帮助自己"。

在老师的带领下，我们从"冰山"开始探索，在课程里体验"雕塑"带来的震撼，"觉察"自己的情绪进而辨识它的信息，画"家庭图"看家庭如何塑造自己……每节课无不是情感与脑力的碰撞。

我对自我了解还蛮有自信的，可是有一次，当老师要我们跟伙伴说一件十八岁以前很挫折的事时，我说了初三发生的事后竟开始耳鸣，持续了几分钟。老师说，当我们对自己的内在有觉察，连身体都会有反应，这样的情形已经是第四次，前三次出现了心悸、头痛和疲劳。原来，这世界上最难的功课就是面对自己，我的身体察觉了自己内心的抗拒，面对这些身体反应，我不得不仔细聆听。

有了觉察，面对感受，不再只是压抑或逃避，我的心中反而有更大的宁静。宁静，使自己能更快与学生联结。有一次，我在学生暴走时关心他的感受，当下竟发挥奇妙的效应，我开始明白崇建老师要传达的核心；以前看不懂的道理，现在有了脉络。

学习萨提亚模式，让我对人性有了全新的看法。原来每个人都是一座山，不管年纪多大，外表多冷漠，冰山底下都有故事，每个故事都联结着爱。在那些悲伤、痛苦的故事里，为了求生存，为了得到爱，我们无不竭尽所能。为此，我对人充满了尊敬，我想，就是这个尊敬生出了好奇，开始带着我在对话里探索，难怪崇建老师总是说他在爱里工作，"爱与希望"是我学萨提亚模式以来最大的收获。

阿建老师的解说

我与尹歆初识于三年前，她很积极地学习，邀请我到福山中学演讲，也参与了我的工作坊。她给我的印象，总是有满满的热情，很照顾身边的人。

此篇文章的主角小胜与卫生委员有冲突，教师能够这么保持冷静地观察，而不是在每个爆发点介入，真的非常不容易。比如小胜骂粗话、敲桌子，卫生委员冷言冷语、外扫区扫地的事情未解决……对一般教师而言，要忍住不出手干预，非常困难。

尹歆从小胜的愤怒切入，问小胜是否被误解。小胜的愤怒、误解被理解了，因而落下眼泪，转化为难过的情绪，这是冰山的第一层次接触。尹歆接着使用了"回溯"，以"误解"为主题。小胜遭遇误解后有那么大的反应，这时值得探索到底发生了什么，后面才有机会帮助小胜解除这样的反应。

身为教师的尹歆，知道那是小胜的主题，邀请小胜谈一谈，但尊重小胜的选择。虽然小胜拒绝了尹歆，但是尹歆的提问里——从外扫事件对冰山情绪的接触、探索，已经做到了初步的"述情"。尹歆更深入回溯了"误解"，小胜曾被误解的对象是"妈妈"，从外扫区未扫地被卫生委员指正，牵引出"误解"的主题，再带至被妈妈误解，这样的线索很精彩。看似不相干的两条线，实质上却能透过觉察，渐渐引导孩子"述情"，进而释放与更改孩子身体与情绪的反应。随着对话的展开，虽然孩子未答应深入叙述，但是这个冰山一角的碰触，也有助于孩子疗愈情绪。

尹歆最后才以卫生委员的事件与小胜进行对话，让小胜了解卫生委员的在意，那也是让小胜理解卫生委员的冰山的一部分。尹歆通过理解小胜的冰山，澄清小胜的一部分冰山，继而陈述卫生委员的冰山观点和期待，小胜也就很愿意接受了。

尹歆自己的冰山，放在分享之后的回应里。

> 她在回溯过往时觉察了自己身体的感觉，这些感觉的呼唤，正是身心在召唤与自我的相遇，给予自己关注、接纳与爱。能够给予自我关注了，也就开始爱自己了，更能宁静和谐地爱孩子了。

五、初次体验冰山
——李雅雯老师的分享

我参加完萨提亚模式三天工作坊，一回到课堂，马上接到许多学生对 A 的投诉。A 来自单亲家庭，父亲经营早餐店，人手不足，常常需要 A 请假到早餐店帮忙。去年 A 搬家到北屯，父亲也让孩子请假五天协助搬家。A 有气喘病史，搬到北屯后常腹痛感冒，早上常常传信息告诉老师身体不适，或是需要去医院回诊，三天两头便请假。

寒假辅导时，A 只有第一天出席，下午的寒假辅导留校自习也缺席了。

A 传讯告诉我说自己身体不适需要请假。但班上学生告诉我，A 在请假的时间却从北屯到位于西屯的学校打篮球去了。于是我请 A 来找我。

过去的我应该会当场发作，但三天的萨提亚模式学习过后，我想试试从冰山的感受切入。

我："老师请你过来，是因为听到同学说你在请假的下午到学校打篮球。我想知道同学说的是真的吗？"

A："嗯……是真的。"

我："你觉得老师听到之后，会有什么感受？"

A："生气。"

我："老师还真的有生气的感觉，但也有一点点难过。我不知道你发生什么事情了，传讯告诉我你身体不舒服，怎么还来学校打篮球呢？"

A："我早上想休息一下，也吃了药，身体好了一点儿。下午来学校已经三点多了，想着自习的时间也快结束，进去又很尴尬，所以就在外面打篮球。"

我："所以，你的意思是你来学校太晚，进去自习又怕尴尬，所以在外面打篮球了。"

A："对。"

我："老师很好奇，你对于同学跟老师说这件事情的感受是什么？"

A："同学应该觉得我是故意请假，不来学校的。"

我："那你呢？你怎么看待自己？"

A："觉得有点难过。因为真的不舒服，需要请假。"

我："除了难过，还有别的感受吗？"

A："生气！"

我："是生谁的气呢？"

A："爸爸吧！因为爸爸只会要求成绩。我早上不舒服，有时候他回到家，其实我已经吃完药好转了，他就会质疑我早上为什么要请假，还对我生气。"

我："老师知道你生气、难过，还有其他的感受吗？"

A："觉得很累。有时候要很早起来，想要多躺一会儿。"

我："老师知道你的难处，这么冷的天气，一个人要好早起来，搭一个多小时的公交车来学校，真的不容易。"

A："我也不想要常常请假，但有时候就是……"（停顿，眼睛红）

我静静看着学生，停顿，并感受停顿的力量。

A："老师，我以后会尽量准时到学校。"

我感觉自己在微笑："老师很好奇，你刚刚怎么突然停下来，然后说要准时来学校。发生什么事情了吗？"

A："觉得自己不来学校，会有很多东西听不懂。"

我："请假后回到学校，真的多了很多东西要补回来。听不懂的地方怎么办呢？"

A："我会利用下课时间去问××同学，他都会教我。"

我："同学会教你，你也会问，那很好哦！回到今天我们谈话的原因，下次遇到寒假辅导的状况，有想过其他的处理方法吗？"

A："就等到下午五点，留校自习的人下课了再去打篮球。"

我："那三点多到五点的时间呢？怎么办？"

A："就去问值班老师，可不可以进去看书。"

我突然惊觉，学生说出了我原本想说的话。

我："你的想法很周到，不过，老师想告诉你，以后早上身体不舒服，需要请假时还是要请假，老师相信你有请假的需要。"

A ："老师，我知道啦！"

这段对话过后，到现在已开学两周，A 都准时到校，只请过一次假。

我不清楚那一次的对话有没有产生影响，后续也没有再追问，但是，与 A 谈话时，我觉得有更多地方可以做好奇的试探，但是，三天没出现的地理老师有许多班务及课务要处理，我们很难专注于彼此的对话。而萨提亚模式最需要安全、安静的对话空间。

阿建老师的解说

我对李雅雯老师最初的印象是活泼、美丽，但有一点儿爱打岔。其后我在有些演讲场合会看见雅雯在观众席默默地坐着，像个沉静乖巧的孩子，那是她的另一面。偶尔她会过来打招呼，像家人一样温暖。

我看见雅雯的对话，觉得她的路径有点特别。在第一句问话时，她虽然在感受层面提问，但不是去探索孩子的感受，而是从自己的感受出发，问孩子知道老师的感受吗？这不是我教的路径，是雅雯的个人风格，因为雅雯也像天真的孩子。一般人走这个路径会陷入要求他人同理自己的状况，但雅雯这里走的路径，可以看出她在对话过程中，自然地从和自己的内在不断联结的状态，切回了和孩子感受联结的目标。

雅雯在感受的联结上做得很细腻，且懂得停顿，很有耐性地不断轻敲孩子的冰山，这是非常不容易的探索。从生爸爸的气、因为身体而难过、生活的疲累，让孩子的难过具体地呈现，并且在孩子体验难过时静静地等待停顿，引导出孩子对自己的期待。一般人在感受层次的探索不会那么细腻丰富，也不会那么有耐性，可见她显现出宁静的一面，自有其自身的优势，显现于对话之中。

孩子诉说自己的责任，雅雯并未质疑、教训与责骂，而是充满好奇。那是对一个孩子的相信，她也并未因为相信而放任，这是很多师长的困惑之处，不知道该如何面对这样的孩子。雅雯提问的方式，好奇他时间的规划，都不是以质疑的问句进行，也很值得教师参考，如何将好奇的提问与责任联结，让孩子自己叙说责任，如何在日后生活中落实。

雅雯更了不起的是爱，她以接纳的心灵，告诉孩子若身体不适，仍旧要以身体为重，需要请假时就要请假。我设想自己遇见雅雯老师，我会感受到真正的理解与关怀，会觉得这个世界有一道光，那道光不只让我感觉到爱，也让我感觉到一种力量，我不能放弃那样的爱与力量。

最后，这个孩子开学两周后"只请假一次，其他时间都准时到校"。

雅雯的目标不是解决问题，而是以爱孩子为目标，让孩子联结了渴望，他就能逐渐为自己负责。我为雅雯的对话感动，也感到无比骄傲。

终章

学习冰山须经过一段历程，
仿佛看魔术师表演。
有时以为自己明白了，
却不容易运用，
甚难进入堂奥，一探究竟。

冰山是一幅美丽的图像，具有丰富且深邃的隐喻。我自2000年左右起学习冰山理论，将其运用于觉察、教育、沟通、职场与助人工作，仿佛踏入一幅美丽风景。学习冰山须经过一段历程，早年看贝曼运用冰山，自由且细腻，简直出神入化，厘清人的困顿与困惑，联结自我的强大力量。我身为学习者，仿佛看魔术师表演，有时以为自己明白了，却不容易运用出来，甚难进入堂奥一探究竟。

不只我个人如此，据我观察，我身边的学习者亦是如此。我因此采取土法炼钢，不断观看贝曼的晤谈录像带，也反复浸润于贝曼对话的文字稿，并且在师生对话里实践，逐渐领略其中滋味。熟练之后多年，我方才开始分享冰山对话，学员亦不易精深冰山，甚至入门的对话也不易学。我恍然意识到这是常态，冰山需要浸润多年，且自身须有深刻体验，方能穿梭其间运用自如。

随着我讲冰山数百次，继之学习正念与创伤疗愈、心灵成长，深入探索童年创伤，并且以萨提亚模式为基础，至2017年整理出一个新的框架：将冰山与个人成长年表呈十字交织，将冰山感受区分为感官感受以及情绪感受，以顺序觉察身心，如一网状罗列脉络。

我以几个目标作为冰山对话的顺序：

探索：以人为主、回溯成因、具体事件
表达：信息、规则
核对：语意、期待、界线、目标、冰山各层次
体验：述感官、述情
转化：资源、渴望
落实：回到问题，如何面对

这几个谈话顺序，亦如年表与冰山交织，可以运用于生活，亦可以运用于辅导。

比如，我的新加坡好友卓壬午先生曾给我温暖反馈，他以此脉络对话，每个月主动和一百岁的老奶奶谈话，凝聚了家人间的亲情。大家聚餐时放下了手机，听老奶奶分享人生经历，了解老奶奶过去感人的生命故事。

很多学习者跟我反馈，说与孩子的对话更容易了，冰山对话改变了彼此的关系。现场的辅导教师也觉得这个脉络易上手，在对话过程中，不只改变了与孩子的关系，更渐渐改变了自己。因此新加坡的陈君宝先生、马来西亚的林琼兰女士、萨提亚全人发展协会等培训机构，都长期开立培训工作坊。台湾则以"学思达"教师为首，将对话脉络融入课堂以及师生关系中，这都得感谢张辉诚老师的推动，企业家们的支持，"学思达"教师的好学。

也幸有伙伴如罗志仲老师，能精进深化冰山对话且去到各处分享，令我感到开心振奋。这本书里所呈现的，正是这个框架的部分面貌。

我衷心地感谢上述有心人，以及书里所有提及的朋友。他们温暖的反馈，让我在觉察身心以及助人之路上，能行走深化至今……

回响

——见山是山，见山不是山

如何问对核心问题？

如何处理在对话过程中自己产生的情绪？

如何有意识地展开对话？

我开始接触萨提亚模式，约在 1999 年。当时只是认识这个心理学派，并没有动力深入理解。

当年学校的辅导组为了让老师认识心理学，从中学习陪伴孩子的方法，请专人来带领学习，各位教师因此常交流，共组读书会讨论，我由此认识了各家学派。萨提亚模式对我而言，如同我认识的其他心理学派，比如 NLP、认知疗法、焦点解决治疗法、叙事治疗等一样，只是一个心理学流派而已。

直到 2000 年，我见到贝曼老师，他的对话可谓出神入化，让我瞠目结舌、大开眼界："怎么有人可以这样说话？"

我为那样的对话深深着迷，因此参加萨提亚模式 2001 年专训，自此一头栽入萨提亚模式的领域。二十年来，我经常思索冰山，试图更深入理解冰山，每当我以为理解透彻了，又会有新发现。冰山真的是个太美丽玄妙的隐喻。

从企图改变他人，到深入觉察自己

我从对话认识萨提亚模式，认识冰山的框架，起心动念是为了沟通，其中也潜藏着"说服""改变"他人的想法，但未料我得到的是"内在和谐"的礼物。

"萨提亚的冰山模式"的确能改变他人，起因于让人有觉察，重新整理自己的内心，重新决定如何应对世界。

如何帮助人拥有觉察，重新应对世界呢？取决于"我"如何"应对"他人。"应对"他人的方式，就是本书推广的"对话"，然而"我"的"应对"亦来自"内在"，所以冰山是个理解自己、改变自己"内在"与"应对"的模式。

我渐渐地从企图改变他人，转而发现我正在觉察自己。觉察自己为何生气，为何焦虑，为何沮丧，觉察自己为何这样反应，为何有这样的想法……

我的应对改变了，同时我发现，自己的内在也改变了。我不再愤怒指责或只是说理，不再委曲求全或忽略不理。我看世界的眼光不同了，纷杂的感受宁静了，对人、对世界的期待不同了，我体验自己的方式和状况也不同了。这都是一路练习的结果。

审视我的对话方式，较之几年前的状态，也有了更多元的变化。这来自于我对新信息的导入，对冰山更深层的理解，还有对自己更深刻的体验，尤其是对自己的体验，是冰山带来最美的礼物。

在日后的学习中，我还接触了正念、脑神经科学、创伤治疗、积极心理学。我在冰山的图像中都找到与这些新知、学说相对应的解释，更理解了人的细微精妙。

冰山是针对人的内在展开工作，所以能通过对话的方式，接触、理解与帮助他人觉察。从简单的理解他人，到深刻帮助他人觉察，都可视为人"内在"的工程。而这套内在工程的精妙，自然可以运用在自己身上，帮助自己觉察、和谐与深刻。这本书呈现的案例是"与他人对话"，帮助他人联结与厘清自己。

学习如何关心人，而非解决问题

萨提亚女士认为，"不论外在条件如何，在这个世界上，没有人是无法做出改变的"。

萨提亚女士运用各种方式，包括活动、雕塑、年表、讨论等让人产生觉察。这些人的改变并非通过指导得来，萨提亚模式也并非告诉某人该如何。这是出于对生命的相信。

萨提亚模式融入了各家学派。人本主义的创始者之一，卡尔·罗杰斯（Carl Rogers）首创非指导性治疗，强调人具备自我调整、恢复心理健康的能力。我相信他影响了萨提亚模式很多，而我的老师贝曼在博士论文期间的指导教授正是卡尔·罗杰斯。

罗杰斯八十三岁的时候接受专访，说了一个小故事，我以此来谈"对话"的精神。

有一个青春期的男孩令他的父母、老师十分头疼，罗杰斯负责帮助男孩妈妈，讨论孩子的问题。罗杰斯有了定论，认为最大的问题是这位母亲排斥她的儿子。在多次会谈中，罗杰斯小心翼翼，试图委婉地说明，真正的问题在于妈妈不爱儿子。

在经过几次会谈之后，罗杰斯发现毫无进展，最后只得跟妈妈说："我觉得我们都挺累了，而且也没有任何进展，我们应该停止进行会谈了。"

妈妈思索片刻，表示同意。随后她起身离开，走到门口时，突然转过身来问："你这个门诊，接受过成人的咨询吗？"

罗杰斯回答："接受过。"

这位妈妈折过身来，坐回刚刚起身离开的椅子，开始讲述另一个故事。这个故事和先前所叙述的截然不同。

这位妈妈开始陈述，说她和丈夫之间的关系非常糟糕，不如人意。罗杰斯对此感到不知所措，不知道该做什么，所以只是静静倾听。当这位妈妈继续讲她的经历时，罗杰斯意识到，关于这一个案例，他过去所做的会谈忽视了"当事人立场"。

因此，罗杰斯不仅当时听完了这位妈妈的话，之后又与她会谈多次。罗杰斯认为，这是他第一次真正意义上的治疗案例。

罗杰斯和这位妈妈保持联系了几年，她和儿子的关系因此有很大改善。孩子后来上了大学，一切都很顺利。

罗杰斯说，自己从中学到的是：如果我想表现得既聪明又专业，那么我会一直下定论并告诉你，你的问题在哪儿，你应该怎么做。然而如果我真心想帮忙，或许我应该做的是倾听你的痛苦、你的苦恼，或是困扰你的问题。这件事对我之后的经历有深刻的影响。

罗杰斯的"当事人立场"，用通俗的语言来说，就是"当事人的角度"或"当事人的处境"。用萨提亚模式的视角来看，我认为更精细的说法，是"在乎妈妈的冰山"。

罗杰斯有一句名言："如果有人倾听你，不对你评头论足，不替你担惊受怕，也不想改变你，会有多美好！"

由此看来，对话的前提是懂得倾听，真正的倾听，并且好奇：一个人如何成为现在的样子？

然而倾听其实不易。我观察一般人对话，未倾听的情况占非常高的比例，常见晃神、打岔的状态，或听者并未接收说者的话，内在只想着自己所想，所以回应出的语言可想而知。

若不专注倾听，那又如何产生好奇呢？好奇是对人的关注。

关心与好奇是治疗的关键

奥地利精神病学家、个体心理学的创始人，同样是人本主义心理学先驱、个体心理学的创始人阿德勒，对萨提亚女士的影响甚多。他曾说过："对别人不感兴趣的人，他一生中遇到的困难最多，对别人的伤害也最大。所有人类的失败，都出于这种人。"

对别人感兴趣，才会懂得好奇。关心一个人，或者对人呈现"某种状态"感兴趣，好奇人怎么生活？怎么成为这样的状态？这样的应对有用吗？这样的观点怎么来？好奇这些，就能让人拥有觉察。

无论是阿德勒、罗杰斯或是萨提亚，都指出倾听、关心与好奇是让人活出自己的关键，也是心理治疗的最好方式。

阅读此书的大部分读者，应该不是心理咨询师，包括我，也不是心理咨询师。若是倾听、关心与好奇是关系中最好的方式，不必非得心理师来倾听、好奇与关心我们，一般人即可自己学习。若学习面对父母、孩子、朋友、同事、学生甚至顾客，就能拥有更好的关系，更美好的结果，那我们为何不这样做？

萨提亚女士的治疗方式被称为萨提亚模式，贝曼将其中的对话脉络以冰山形式更具体地呈现，因此就有了循序渐进的对话方式：倾听→好奇→冰山探索→有意识地探索并联结内在的渴望。

这里必须说明的是，萨提亚模式的运用，并未特别强调"对话"，并未在对话中强调"好奇"。对话中最常用的是"表达"，萨提亚模式重视的是"一致性沟通"，而"一致性沟通"需要人先有"一致性"。

"对话"中"好奇"的概念，是我观察一般人的联结，还有脑神经科学的概念，特别拉出来的一个方向。

过去，萨提亚模式的学习者经常困惑于"一致性"的应对，虽然理解人要关爱对方，但不知道该如何互动。于是我将"好奇"带入对话，强调好奇是与人联结的基础，并在2019年全球萨提亚大会上作报告。我的老师贝曼亦称许这一概念的推广。

这本书即是在呈现这样的对话，所有的案例书写，都起自对人的关注。虽然在细节上，我限于篇幅未做更多说明，也未对自我觉察与应对进行解说（留待未来以更细节、更统合的方式表现出来），但这本书的对话案例，应该可以让人一窥冰山脉络，有别于一般人谈话的逻辑。正如同我第一次遇见贝曼，为贝曼的谈话方式所吸引，也许有读者也会有此感想，想深化冰山的对话功夫。

"对话"很难学？

出版这本书之后，我收到不少反馈。

有人看了书之后，改变了对话方式，在家庭、学校或者团体里有了重大转变，能和谐地与人联结。

有的人看书之后，看见一个可行的方式，渐渐改变了过去的应对，有了一点心得，但了解还不够透彻。

有人遇到阻碍，对话用不出来，不知道该如何下手。

也有读者反馈，看了书之后"忧伤""大哭"，甚至看不下去。

本书出版方在纪念版推出之前，曾邀集读者问卷，询问在对话中遇到的困难，收集了各方的反馈，让我在新的修订出版前，以一个统整的篇章来回应。

问卷的题目是：在您实践"萨提亚对话"的过程中，最想了解的部分是什么？

这份问卷统整出的前三个议题分别是：

一、如何问对核心问题？

二、如何处理在对话过程中自己产生的情绪？

三、如何有意识地展开对话？

我就这三个部分，简单地回答如下。并且选择几个类型的问题，带出对话的方向，期待所有读者有收获。

如何问对核心问题?

对于此问题，按照我的理解，若以书中的"小玫"为例，当小玫提出"我没有目标"时，这一篇的对话就从"没有目标"出发，到她"害怕自己做不到，因而不敢有目标"。

这样的对话脉络，是怎么样进入问题核心的呢?

若是拆解我与她对话的脉络，可以细分如下：核对她要的是什么；这句话是导向"期待"，表面上来看是"没有目标"，所以我在"观点"处问她，并且以"回溯的方式"，检视小玫跟目标的关系，并且看小玫的"应对"；"应对"就是她做了什么，以及是否达到了她的目标。

我常会问人"想要什么?"，一是帮助对方厘清想要的跟做的是否相符合，二是确认对方期待通过一场对话得到什么。

我在这"期待""回溯""观点"与"应对"间，探索小玫的害怕、沮丧与无奈，亦即"感受"。

当我能接纳小玫，接纳小玫的情绪，小玫也渐渐能接纳自己的情绪，于是很多问题就看得见缝隙，从而能进入她的渴望；她的应对就不用重复过去的惯性，而能重新转变为新的方式。根据情绪与过去经验所做的决定阻碍了她获得真正想要的东西，因此若是问话者能帮助她觉察，就能深入小玫，陪她面对困难。

她的内在声音，我在书里已经详细说明。

小玫的案例中，我通过探寻她是否觉察自己的"渴望"、是否跟自己联结，来逐步贴近"核心"议题。然而，冰山的工作有一个细节，即是我在"感受"中停顿，并且在"感受"中工作。

在感受中工作，在感受中停顿，我视其为进入核心问题的跳板，若不熟悉感受层次的工作，问题便会在外围绕圈子，常常绕来绕去，理论上是围绕冰山探索，却绕不出个所以然。

冰山是个问话框架，但是进入核心议题，有个入门的门槛，就是"感受"的工作。

读友发信息问及的下列问题，多半都需要进入对方感受，才能进入核心议题：

"与人对话时，当对方展现负面情绪时，不知道怎么引导让他讲出真正的问题。"

"个案抛出生命故事，如何协助他找到核心，找到力量，继续前进？"

"如何问对核心问题：个案在很大的情绪中（愤怒、难过），如何掌握到核心情绪呢？"

"一系列的探索后，如何收拢在核心问题上？"

"有时个案述说太多不同的重要事件，搞不清哪一个问题要优先处理。"

"无法准确了解对方核心问题所在。"

"怎么确定提问重点？"

"连对方都不是很确定自己的答案时怎么办？"

"当孩子说不知道时，该怎么接话呢？不能给他建议，也想不到如何引导或继续对话。"

我再以一个案例，来说明为何感受层次的工作是切入核心问题的跳板。

我在写此文时刚刚结束三天工作坊。昨天在工作坊中，我抽问学员的回家功课，其中一项是"觉察感受，并且回应感受"。一位学员被我请上台前，报告前一晚的功课。她表达前晚有觉察感受，但是没有回应感受。

我与她展开简短对话。

"发生了什么事呢？觉察了却没有回应？"

"我也不知道。觉察了以后，好像懒得做。"

"那你想做吗？"

"我是会想做，但是好像懒得做？"

"那是怎么了呢？"

"我也不知道。"

"能想象一下那个画面吗？回到昨晚那个时刻，已经觉察到感受，但是却没有回应的时刻？"

"可以。"

"在那个片刻的缝隙中，你有什么感受？"

"我找不到感受。"

"慢慢来，我用选择题问你：生气、难过、焦虑、沮丧、压力……"

"有压力。"

"现在感觉一下那种压力。"

她身体颤抖，眼泪直流。

"知道压力来自于什么吗？"

"好像来自我自己。"

"跟什么有关呢？跟回家要做功课有关吗？"

她的眼泪更多，颤抖更持续，点点头。

"你的眼泪代表什么呢？"

"害怕、难过。"

"跟你的颤抖在一起待一会儿。"

她的身体颤抖得更厉害，眼泪更多。

"知道在难过什么吗？"

"小学的时候，弟妹功课不好，爸妈很辛苦。我的表现比较好，那时我就决定要好好用功，让爸妈感到光荣，但是我后来的表现，功课并没有一直很好……"

"想到功课，会让你有压力，是吗？"

"对。我现在……"

这一段对话，从一个作业未做，并不知道为何没做，到后来发现是压力，是一种惯性的逃避，直至觉察童年的一个决定，演变成了对功课的压力。

对应的过程，分别是感受→应对→回溯→观点→感受。

若要改变对功课的应对，就得从觉察压力入手。承认与接纳压力，才能辨识压力源头，去体验自己的难过、害怕与无力，就会渐渐释放压力，如实面对功课。

这个对话的脉络若是没有在感受层面停顿，也没有在感受层面工作，显然很难进入核心问题。

在本书的最新版本中，编辑特别请我附录一本小手册《冰山练习曲》，我在其中针对感受的层次，以及如何停留与工作，设计了一些练习，读者不妨以自己为例，试试看操作的成果如何。

在感受层次停留的工作，我进行的是为求助者工作，他们都将我视为老师，并且是针对一个议题而来。这样的对话，若要针对自己的孩子或学校里的学生，那么对话的方式就要有更简单的互动，并且循序渐进，改变彼此的应对状态，需要一段时间熟悉，也需要将对话转化成为一般生活语言。

"修行在个人"，必须练习与觉察，方能得此中深味。

要进入"核心"问题提问，必须已经熟悉"提问"，才有能力进入"核心"，我在此邀请所有读者有意识地练习"提问"，如此才能渐渐靠近"核心"问题。这个步骤，本就是不容易的功课。

这几年来，不少学习伙伴已经能领略个中滋味，这些伙伴有老师、业务员、法官、公司职员、直销员……有些伙伴的进展深刻，聆听这些伙伴的对话，让我感到无比的赞叹，可见这门功课人人能习得。

如何处理在对话过程中自己产生的情绪？

这是个难题，文字不好陈述，在实际的工作坊中较能体验。

我在附录的练习笔记《冰山练习曲》中，将情绪区分为情绪本身、情绪的表达、情绪的事件。在情绪中停顿，即是应对情绪本身。

我在此不详细描述，但有几个要点可以提出。

其一是对情绪的觉察。起码在情绪升起时，要懂得觉察自己，觉察就是知道自己的情绪。

其二是停顿。最起码能停下情绪的"应对"，比如，不再指责、不再说理、不再讨好。

若是事后才觉察，或者事后才停顿，亦是一种进步。

这门功课一般而言，是渐渐进步而成的一个状态，并非一下子就成为某种状态。当练习成为惯性，就越来越能觉察情绪，并且处理自己的情绪。

其三是停顿之后，要为自己做些什么？

为了要专注与情绪相处，避免头脑走入情绪事件，我早在《心教》一书中列出整理与专注自己情绪的口诀。

6A 自我情绪联结

觉察	aware
承认	acknowledge
允许	allow
接受	accept
转化	action
欣赏	appreciate

这里，我以"学思达"创办人张辉诚老师为例子，当他开始学习萨提亚模式对话时，他的内在有一股渐进的改变。下文是辉诚在网络刊登的文章，特别取得他的同意，转登于此供读者参考。

2017 年 8 月，某高中主任邀请我为该县市初任教师演讲。

我立刻答应了，但因有暑期辅导，就请对方发给我一张正式公文。而且当时邀约不少，我需要确定后，才会空出时间。

主任也答应了我的要求，会交代组长处理。

后来，我没收到任何公文，也就完全忘记了此事。

某天下午，主任来电问我在哪里，我说在学校。主任说："张老师你现在有演讲！可否赶过来？"

我说："可以。可是我人在学校做讲义，穿着短裤和夹脚拖，恐怕来不及回家换了，这样好吗？"

主任说："没关系，反正放假，休闲一点没关系。"

我也没想太多，想到总比开天窗好！就这样开车飞奔过去，硬着头皮上场了。

演讲一开始，我特地向初任教师们解释，郑重道歉，我不是故意的。在此之前，我从不曾穿着短裤和夹脚拖演讲过。

结果呢？结果就上电视、上报纸了，报纸上的标题很有意思，"大师穿拖鞋演讲遭批：怎教育下一代"。

若是以前，我一定会全力反击，把事实全盘托出。我不会放过组长和主任的责任，错不在我，是他们没有沟通清楚，没有发公文，甚至陷我于不义，疏忽全在他们。我甚至还会对电视和新闻冷嘲热讽，他们只是见猎心喜，也不去追查一下背后的真正原因。然后，我觉得自己是受害者，事件当中最委屈的人。

但是我什么都没做，只是想起了崇建说的6A。

我停下任何反应，开始觉察（aware）自己的情绪，有生气、愤怒、丢脸、委屈，还有难过。

当我停留在情绪中的时间久一点，眼眶就有些湿润了。

接着，我开始承认（acknowledge）自己有这些情绪，允许（allow）自己有这些情绪，我也接受（accept）自己有这些情绪。这时心情就逐渐平和下来，我感觉潮起一般的情绪，并没有像往常一样让我浮起来，让我在情绪海浪中载浮载沉、随波逐流，甚至灭顶。我感觉情绪的潮水淹过我的踝膝腰臀、漫过我的胸颈脸发，但是又继续往前过去了，我还是立在原地，没有动摇，没有浮起，没有漂流。

然后，最关键的来了，我开始告诉自己［转化（action）］：“张辉诚，即使被别人整、被别人误解、被别人冷嘲热讽，但是你没有反击，没有冷嘲热讽，没有和以前一样应对，没有把自己变成受害者，没有怨天尤人，你比以前变得更平和。愈成长、愈自由，而且你为了改变填鸭式教育，即使遭受这些也没有放弃，一直坚持着理想和目标前进。张辉诚，你真的很棒！［欣赏（appreciate）］”

奇妙的是，当我做完“6A”，我的内在就稳定下来，我甚至不需要任何人来安慰和鼓励，我自己就能给自己安慰和鼓励。当我"体会"到这一点的时候，我仿佛看到了一个全新的能量宝库，这也是我一直想要把萨提亚模式导入教学的主因之一。

辉诚曾来我的工作坊观摩，因此他运用 6A 联结自己，能迅速理解如何操作，不被理性主宰，而是进入情绪的事件中。

对于刚刚接触的学习者，我建议在情绪来临时，能为自己做如下的工作：

觉察（aware）：在心里告诉自己，我现在感觉自己难过了。
停顿三到五秒。

接受（accept）：在心里告诉自己，我可以接纳自己的难过。
停顿三到五秒。

转化（action）：深呼吸几次。

再来应对人和事件。应对的时候，尽量采用好奇的方式。

关于读者提问如何处理自己的情绪，我就先以简单的方式，邀请有心人多多练习。

读友来的信息中，有不少是关于自己的情绪。

"尝试和学生对话时，学生充满负面攻击的词语，让我心中激起涟漪甚至感觉受伤，该如何处理这样的情绪？"

"面对自己比较害怕的人（比如，有权威的爸爸），自己过往曾受过的伤以及恐惧就会被唤醒。此时虽然可以觉察自己的状态，但是却很难做到一致性的回应，或是联结渴望。"

"在教学现场中有层出不穷的状况需要处理，但是对话需要自身良好的状态、技巧与时间，许多时候还是用固有的姿态，以求能尽快解决眼前的状况。这是目前比较大的难题。"

"如何处理自己的情绪：特别是在陪伴过程中，因被嘲讽或挑衅产生的情绪，当如何处理？"

"但在做事情时，自己常常带着怨气，总觉得反正怎么做都会被批评。等到真的被批评时，心中总是会迅速升起果然又被批评了的怒气……"

"当赶着上班，孩子动作又慢时，很想跟他们好好地讲，但心中挂念着上班时间，容易情绪升起，就容易话中带有怒气。我的困难在于如何安顿好自己的情绪，同时让孩子很快地完成他目前要做的事情。"

上述这样的情况，都需要觉察与专注回应自己。若是不明白专注回应自己，就以 6A 为脉络练习；常常练习觉察回应情绪，就是在锻炼前额叶皮质，就能让情绪和谐。

如何有意识地展开对话？

所谓的有意识，对我而言，即"关怀"对方。

所有的对话脉络，所展开之处都是"关怀"。关怀他人遇到问题时，怎么会选择这样做，关怀对方怎么这样想，关怀对方如何面对失落，关怀对方怎么看待自己……

所有的对话终点，我都以"渴望"为终点。即对方是否能负责任，是否能感到自己的价值；这样的应对是出于无奈，还是自己也愿意承担？

当渴望被联结之后，问题通常就迎刃而解了。

所以对我而言，有意识的对话就是以渴望为核心的谈话，亦是对话中的终极关怀。但是人类的习惯，通常都以解决问题为目标，忽略了人内在的运作，亦即冰山的状态。比如，书中的小玫说："我没有目标。"

许多人展开的对话，是帮助小玫"找目标"，问小玫喜欢什么，绕着找目标打转。也有大人质疑何谓目标，绕着圈子表达人生"不需要目标"。若是心态上带着"解决问题"，而不是"关怀对方"，往往陷入死胡同。

所以从大方向来看，对话者的"意识"要放在哪儿呢？正是关怀对方。

因此要意识到自己的对话，是走上解决问题之路，还是探索卡住的状态，或无法联结渴望的状态。每当觉察自己偏离了，就修正回来，关怀对方。

然而，具体的关怀该如何前进？需仰赖熟练的"提问"，才能展开有意识的对话。

读者来信提问，若要关怀对方，遇到对方下列状态，该怎么办呢？

"对方不想与你谈话。"

"对方拒绝回答任何问题。"

210

"不知如何问才能让对方卸下心防，更靠近？"

"如何开始提问？"

"面对冷漠的青少年或是长期在怨怼中的夫妻，如何开始提问？"

"与青少年对话时，青少年的回话只有'不知道'或干脆不说话时，该怎么做呢？"

"当对方有很多情绪（尤其对话的过程中都是指责或是超理性）时，不确定怎么开始进行对话，因为即便自己消化自己的情绪，对方却一直排斥进入良性对话的状态。"

"孩子在情绪当下拒绝沟通，出现丢东西或者吼叫、打人的状态，当下要不动怒或者好好对话是有困难的。"

"在夫妻沟通的当下，每当有不同的意见时，对方总丢出'好，不要再说了'，更让我情绪纠结难平。除了隐忍之外，还有更妥切的处理方式吗？"

"孩子在公园溜滑梯时大哭大闹。他觉得他不会溜滑梯，说我不教他。我有教他，可是他不看我，只是一直哭。"

人与人的关系形成了心防，或者不想联结的状态，常因为"彼此关系中的历史"，或者"对方与人互动关系的历史"，亦即"过去对方遭遇了什么，使得关系成为如此"。

改变彼此关系，有诸多方式可行，提问的方式也很多，若要一个一个情况说明，会占用非常多篇幅，在此先不赘述，但是面对这样的状态，最简单的方式是表达。专注而稳定地表达爱、表达接纳，渐渐让对方联结。

不妨设想自己如何表达，才能让对方感觉"被爱""有价值""被接纳"。

表达需简短而真诚，不把对方"不回应"或"负向回应"当成失败的结果，因为目的在"逐渐融冰"，让对方愿意重新联结。

我曾指导一些父母与拒绝回家、拒绝回应、把自己锁在房里拒学的孩子对话，有的孩子立刻便回应了，有的孩子渐渐愿意联结了。想要破冰的人，不妨先思索最关键的问题：如何让对方"逐渐"愿意联结，如何能感觉被联结、被爱、被接纳。

还有不少朋友来信，不知如何提问，不知如何找话题，或者提问到一半卡住了……因为好奇这一素养，过去并没有得到培养，所以需要经常有意识地练习，并且刻意练习才能习得。

建议有心学习的伙伴，可以将对话卡住处记录下来，重新思索或者找人讨论，或者参考我书里的对话。试想遇到书中案例的时候你会如何提问，再参考我的提问。

本书十万册纪念版出版，我心怀无限感激，祝福所有的学习者，都有美好幸福的生命与生活。

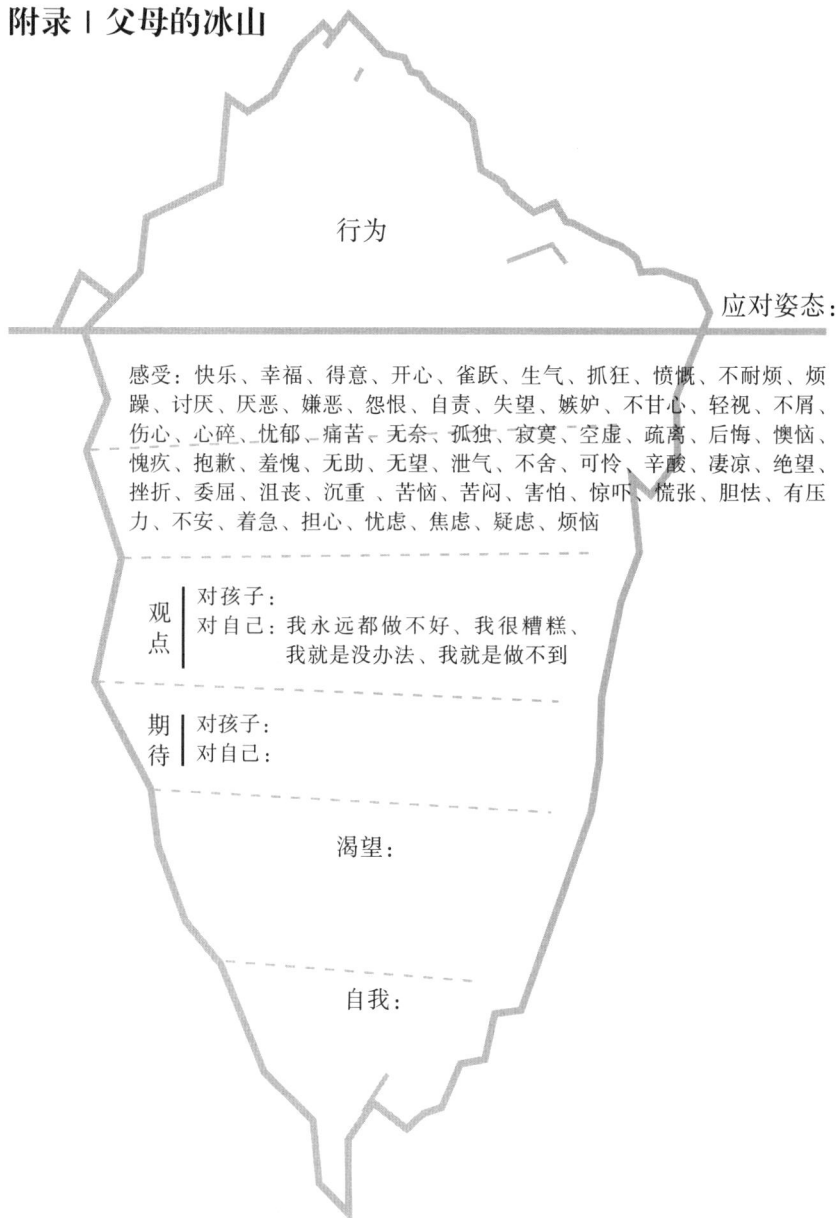

行为

应对姿态：

感受：快乐、幸福、得意、开心、雀跃、生气、抓狂、愤慨、不耐烦、烦躁、讨厌、厌恶、嫌恶、怨恨、自责、失望、嫉妒、不甘心、轻视、不屑、伤心、心碎、忧郁、痛苦、无奈、孤独、寂寞、空虚、疏离、后悔、懊恼、愧疚、抱歉、羞愧、无助、无望、泄气、不舍、可怜、辛酸、凄凉、绝望、挫折、委屈、沮丧、沉重、苦恼、苦闷、害怕、惊吓、慌张、胆怯、有压力、不安、着急、担心、忧虑、焦虑、疑虑、烦恼

观点 | 对孩子：
对自己：我永远都做不好、我很糟糕、我就是没办法、我就是做不到

期待 | 对孩子：
对自己：

渴望：

自我：

附录丨孩子的冰山

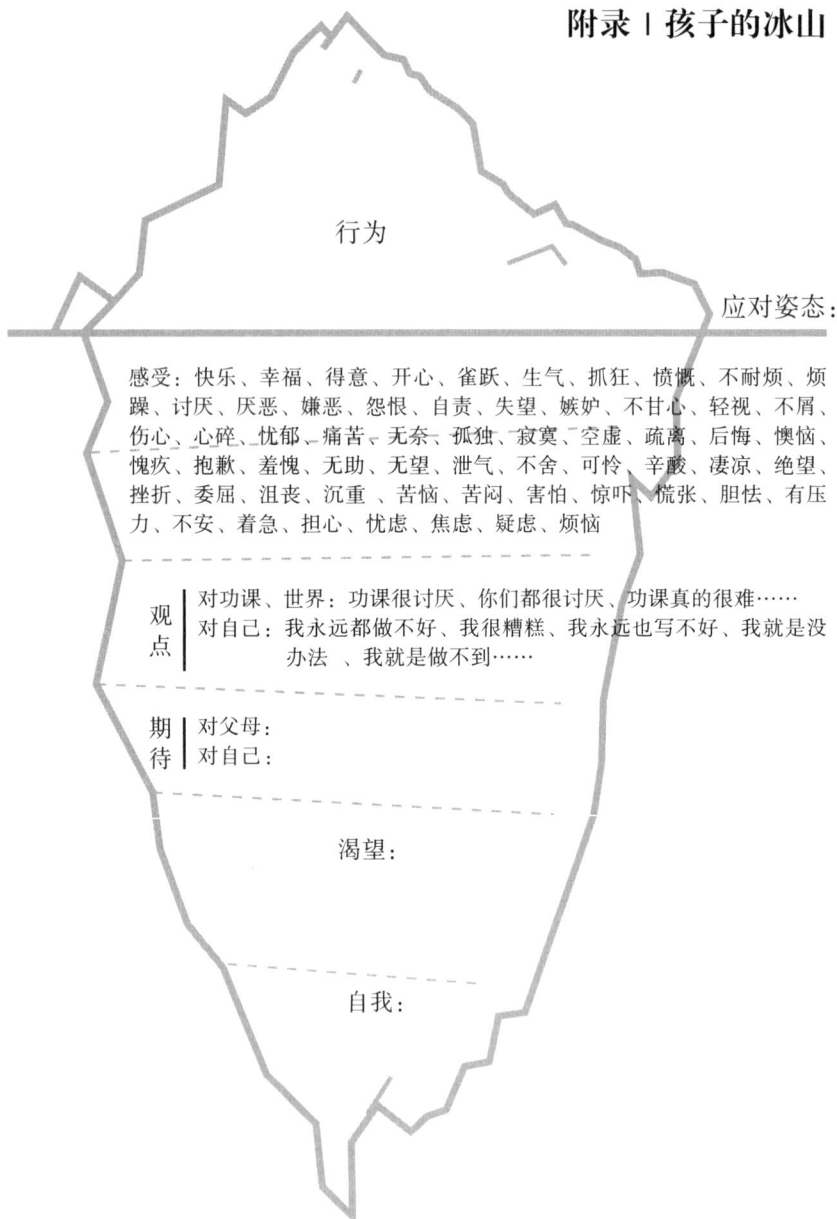

行为

应对姿态：

感受：快乐、幸福、得意、开心、雀跃、生气、抓狂、愤慨、不耐烦、烦躁、讨厌、厌恶、嫌恶、怨恨、自责、失望、嫉妒、不甘心、轻视、不屑、伤心、心碎、忧郁、痛苦、无奈、孤独、寂寞、空虚、疏离、后悔、懊恼、愧疚、抱歉、羞愧、无助、无望、泄气、不舍、可怜、辛酸、凄凉、绝望、挫折、委屈、沮丧、沉重、苦恼、苦闷、害怕、惊吓、慌张、胆怯、有压力、不安、着急、担心、忧虑、焦虑、疑虑、烦恼

观 点 | 对功课、世界：功课很讨厌、你们都很讨厌、功课真的很难……
对自己：我永远都做不好、我很糟糕、我永远也写不好、我就是没办法 、我就是做不到……

期 待 | 对父母：
对自己：

渴望：

自我：

李崇建

中国台湾知名亲子导师，心理咨询师，萨提亚模式教育的传播者与实践者。已出版图书《心教》《心念》《移动的学校》《萨提亚深层沟通力》《麦田里的老师》《给长耳兔的36封信》等。

理解我们内在的冰山

作者 _ 李崇建

编辑 _ 周喆   装帧设计 _ 肖雯   主管 _ 木木

技术编辑 _ 顾逸飞   责任印制 _ 刘淼   出品人 _ 贺彦军

营销团队 _ 上海营销团队

果麦
www.goldmye.com

以 微 小 的 力 量 推 动 文 明

著作权合同登记号：06-2024 年第 174 号

本书由亲子天下股份有限公司正式授权

图书在版编目（CIP）数据

理解我们内在的冰山 / 李崇建著．-- 沈阳 ： 万卷
出版有限责任公司，2024. 12（2025.6 重印）．-- ISBN 978-7-5470
-6649-2

Ⅰ．C912.11-49

中国国家版本馆 CIP 数据核字第 2024B7363D 号

出 品 人：王维良

出版发行：万卷出版有限责任公司

　　　　　（地址：沈阳市和平区十一纬路 29 号　邮编：110003）

印 刷 者：北京盛通印刷股份有限公司

经 销 者：全国新华书店

幅面尺寸：145 mm×210 mm

字　　数：270 千字

印　　张：10

出版时间：2024 年 12 月第 1 版

印刷时间：2025 年 6 月第 6 次印刷

责任编辑：王　越

责任校对：张　莹

装帧设计：肖　雯

ISBN 978-7-5470-6649-2

定　　价：68.00 元

联系电话：024-23284090

传　　真：024-23284448

TIMELINE
&
ICEBERG

冰山练习曲

万卷出版有限责任公司
VOLUMES PUBLISHING COMPANY

果麦文化 出品

目 录

冰山图

行为 / 故事 / 事件

应对姿态　　指责、讨好、超理智、打岔、一致性

感受　　　　生理：酸、痛、紧……
　　　　　　心理：生气、害怕、难过……

感受的感受　例：对自己的难过感到生气

观点　　　　经验、成见、概念、规条

期待　　　　对自己的、对他人的、来自他人的

渴望　　　　（人类共有的）
　　　　　　被爱、被接纳、自由、价值、意义、归属感

自我　　　　生命力、精神、核心、本质

冰山各层次回溯

0y　　　　　18y

行为 / 故事 / 事件

应对姿态

感受

感受的感受

观点

期待

渴望

自我

回溯：

从什么时候开始的？

以前有这样的经验吗？

从事件层次回溯：

这样的状况，以前遇到过吗？

以前面对这样的事件，你会怎么处理？

以前遇到过类似的事件吗？

从应对姿态层次回溯：

以前曾这样被指责吗？

有过被遗弃的经验吗？

有谁这样对你，让你生气吗？

从感受回溯：

类似的感觉，以前有过吗？

什么时候曾被挑起这样的感受？

当孩子做不好，你生气了。

以前你做不好的时候，有谁对你生气吗？

从观点回溯：

这个看法怎么来的？

这个观点什么时候开始有的？

父母与这个观点的形成有关系吗？

从期待回溯：

类似的期待，以前有过吗？

这个未满足的期待，过去有类似的吗？

这个未满足的期待，有勾起你什么回忆吗？

当过去有未满足的期待，爸妈怎么应对你呢？

从渴望回溯：

以前也觉得自己不被爱吗？

什么时候觉得自己不被爱？

曾经觉得自己没价值吗？

什么时候会觉得自己没价值？

过去这样的状况，有谁不接纳你吗？

这样被困住的感觉，不能自由选择，以前也有过吗？

冰山脉络

探索：

回溯成因，不预设立场。

具体事件，事件带来的冲击，带入细节但不八卦，不停留在事件。

核对：

语意、目标、冰山

界线：信息、规则

体验：

叙述（倾听、表达）

述情（在感受中停顿）　　　悲心

摆荡（辨识过去与此刻）

转化：

资源（在叙述中发掘）

渴望（在生命里工作）　　　慈心

在正向处停顿

落实：

重新应对卡住的层次，回到冰山各层次。

关怀人而不关注问题

关怀人为主：

探索一个人的冰山各层次，而不只是停留在冰山表面。

事件发生了，人会怎么应对呢？

应对姿态：

当压力来临，你是指责、讨好，还是讲道理？

是开玩笑、故意不在乎，还是逃避呢？

感受：

这个人的感受如何呢？

这个人对这样的感受，会拒绝觉察吗？或是感觉不到吗？或是感受很多？

感受的感受：

对这样的感受，能感到新的感受吗？比如，对自己的生气感到痛苦，对自己的难过感到生气。

观点：

对事件有何看法呢？对事件当事人有何看法呢？对事件中的自己有何看法呢？

期待：

对事件有何期待呢？对事件中牵涉的人有何期待呢？对事件中的自己有何期待呢？他人对事件的期待，对你有影响吗？

渴望：

事件中你会觉得自己被爱或者不被爱吗？会觉得自己有价值还是没价值？会觉得自己不被接纳，还是被深深地接纳？

自我：

你是谁？

你的本质为何？

核心是什么？

有体验生命的灵性吗？

有活出生命力吗？

人生中事件的发生，承受冲击的是人。

冲击影响人的应对。探索冰山内在，让人觉察自己，重整冰山内在，重新决定自己。

请选一个自己的事件，写出事件下方冰山的各层次。

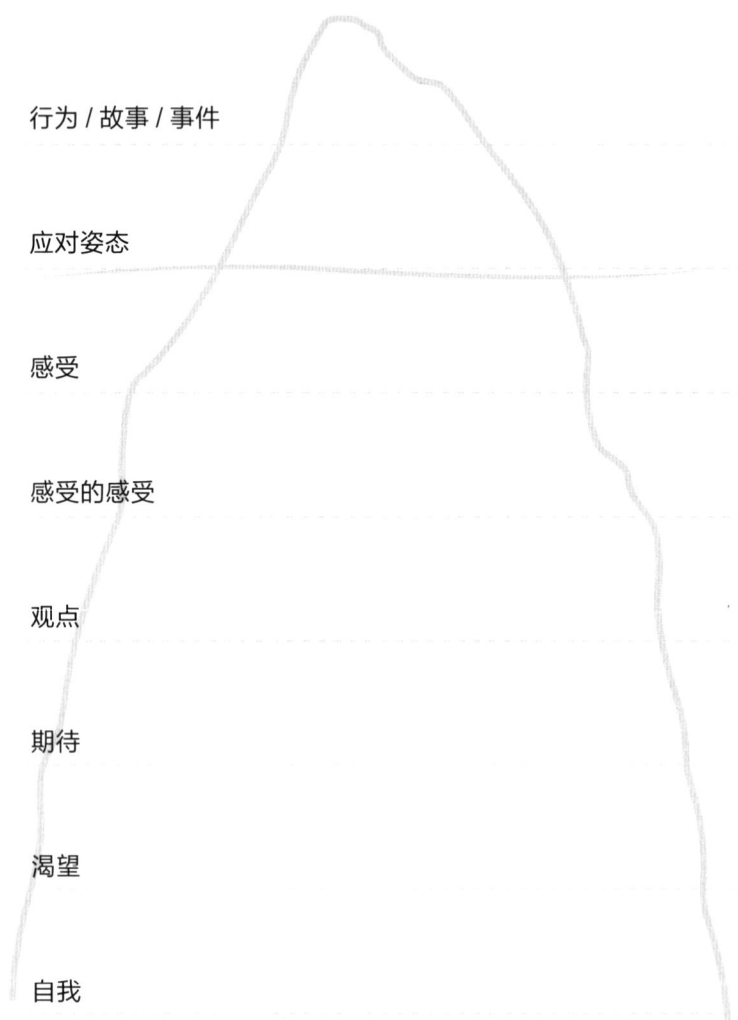

行为 / 故事 / 事件

应对姿态

感受

感受的感受

观点

期待

渴望

自我

阿宝与阿贝的故事

阿宝与阿贝是好姐妹，十几年的交情了，两人常常谈心事，是很亲密的姐妹淘。两人决定合伙做生意，姐妹淘合作事业，肯定事半功倍，这是两人共有的信念。

阿宝工作勤奋，批货、采办、策划、贩售都一手包办。阿贝很有创意，很会设计与包装。两人看来真是天作之合。

事业的初期两人都累，阿宝一边要进货，一边要贩售。

某天阿宝忙不过来，有个重要客户要批货，但同时又需要进货，请阿贝帮忙跟批发商接洽，希望阿贝去谈价钱。阿贝不愿意帮忙，认为那是阿宝的责任。阿宝很受挫折，为何好姐妹却不能同甘共苦？

阿贝也很受挫折，好朋友也要对自己的工作负责呀！

阿宝觉得委屈，难道自己不负责吗？抽出身来帮忙，讲个好价钱，有这么难吗？

阿贝也委屈，自己没日没夜设计与包装，这样还不够吗？两人吵架了，怄气不讲话好一段时间。

阿宝很少麻烦别人，她生长在单亲家庭，从小是个独立、尽责的女孩。10岁时爸妈离婚后，爸爸组织了新家庭，阿宝再也没见到过爸爸。她有很深的被遗弃感，这种被遗弃的感觉让她孤单、受伤，也感到愤怒。

当阿贝拒绝阿宝的时候，阿宝也有被遗弃感。

阿贝则向来敏感害羞，她害怕面对人群，害怕与陌生人接触。

阿贝在家教严格的家庭长大，爸妈愈要她勇敢，她就愈退缩。初中时期拒学过一阵子。她没什么朋友，最好的朋友就是阿宝。

当阿宝要阿贝谈价钱时，那正是阿贝最惧怕之处，除了要面对陌生人，还要跟人讨价还价。阿贝生气阿宝不理解她，也生气自己很没用。

阿宝与阿贝的冰山各层次

阿宝的过去，与此刻的事件有什么关联吗？试着写出来；
阿宝此刻的冰山各层次，各有什么状况？试着写出来。

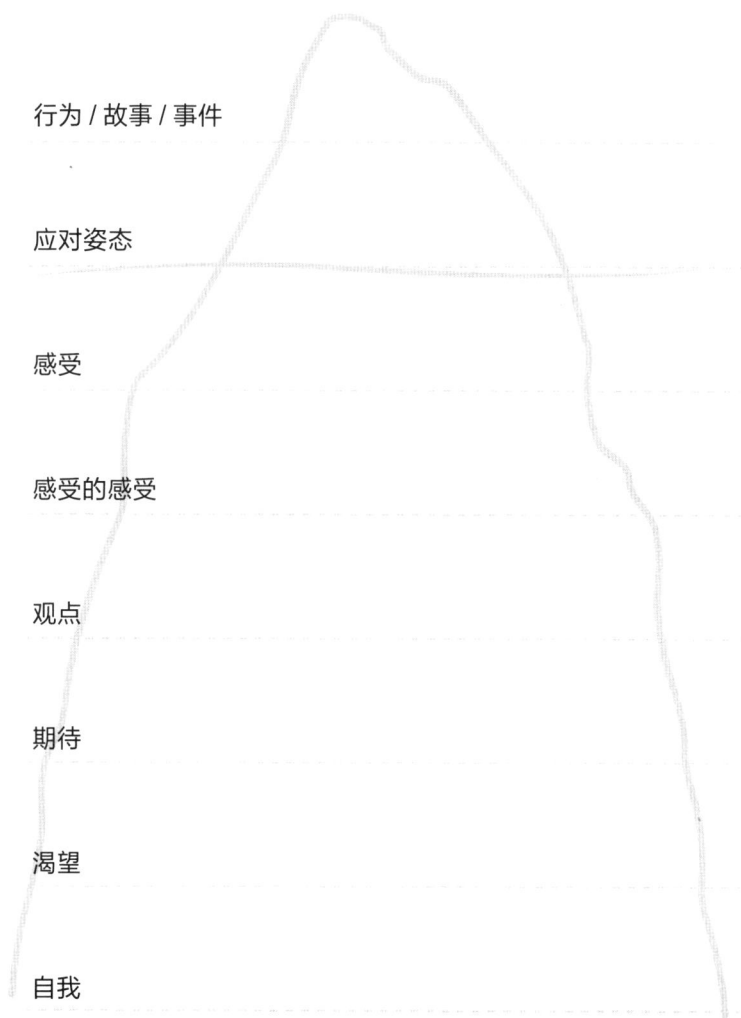

行为 / 故事 / 事件

应对姿态

感受

感受的感受

观点

期待

渴望

自我

阿贝的过去，与此刻的事件有什么关联吗？试着写出来；
阿贝此刻的冰山各层次，各有什么状况？试着写出来。

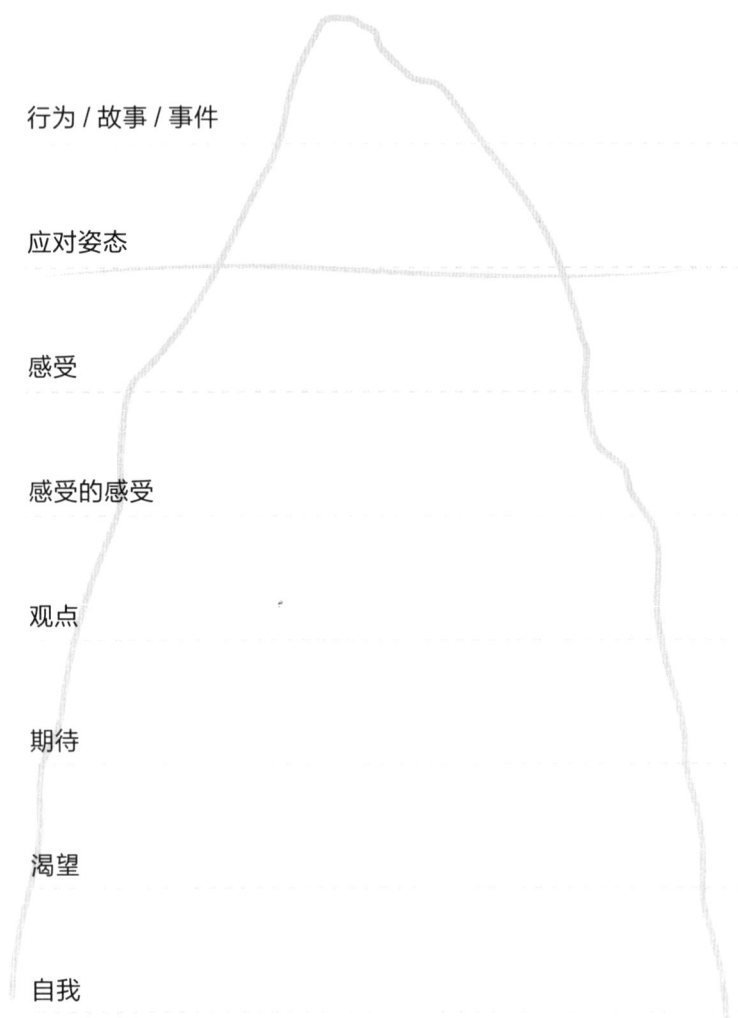

行为 / 故事 / 事件

应对姿态

感受

感受的感受

观点

期待

渴望

自我

五岁男孩的事件

有一个五岁男孩，起床时尿了裤子，母亲表示自己并未责骂他。可男孩起床就大发脾气，说自己再也不要睡觉了，并且生气地嚷嚷："妹妹为何都不会尿床，我却会尿床？"

妈妈说："因为尿湿了，所以你很生气，对吗？"

男孩仍旧站在那里，不断生气、哭或乱叫。

妈妈说："我知道你不是故意的，没关系！"

男孩依然不停地哭泣，生气地哭闹着。

妈妈要抱抱男孩，想要安慰他，男孩拒绝妈妈。

当你看见男孩的状况时，你有什么好奇的吗？

能写出一点自己的好奇吗？

比如我的好奇：

男孩怎么会一尿床就大发脾气呢？

男孩这句话，是从哪里学来的呢："妹妹为何都不会尿床，我却会尿床？"

妈妈内在有何冲击呢？会生气吗？会沮丧吗？会无奈吗？

妈妈说："我知道你不是故意的，没关系！"

男孩有故意犯错的时候吗？

男孩表现不如期待时，妈妈平常怎么应对呢？

妈妈后来怎么结束对话的呢？

当男孩情绪平稳的时刻，妈妈有再跟男孩讨论吗？

以前男孩哭闹的时候，爸爸、妈妈可能会有什么应对呢？

五岁男孩的冰山

请试着填上男孩的冰山各层次。

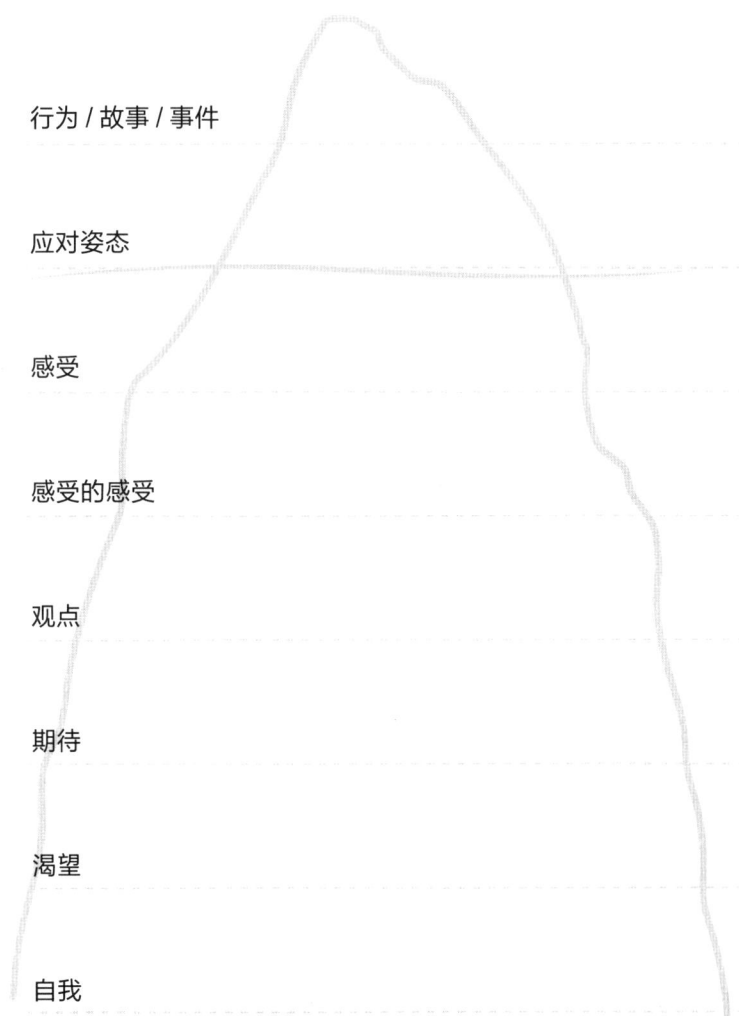

行为 / 故事 / 事件

应对姿态

感受

感受的感受

观点

期待

渴望

自我

这里是我填入的男孩的冰山：

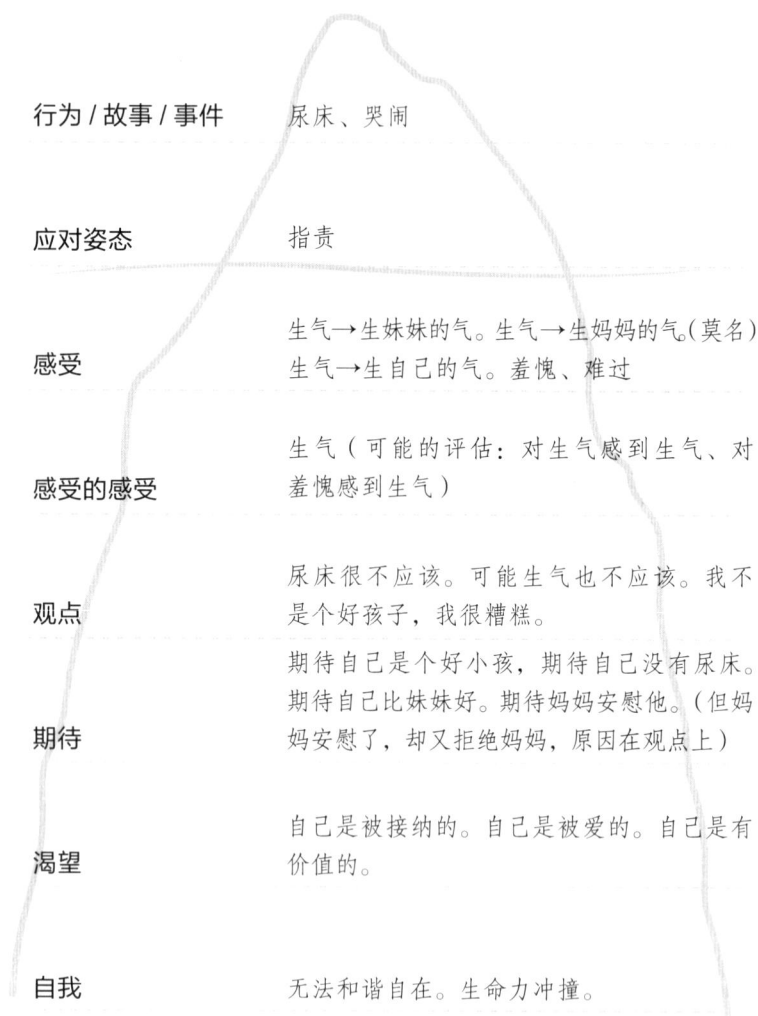

行为 / 故事 / 事件	尿床、哭闹
应对姿态	指责
感受	生气→生妹妹的气。生气→生妈妈的气（莫名）生气→生自己的气。羞愧、难过
感受的感受	生气（可能的评估：对生气感到生气、对羞愧感到生气）
观点	尿床很不应该。可能生气也不应该。我不是个好孩子，我很糟糕。
期待	期待自己是个好小孩，期待自己没有尿床。期待自己比妹妹好。期待妈妈安慰他。（但妈妈安慰了，却又拒绝妈妈，原因在观点上）
渴望	自己是被接纳的。自己是被爱的。自己是有价值的。
自我	无法和谐自在。生命力冲撞。

如果你是男孩的父母

如果你是男孩的父母，请想象你会怎么应对？
请试着将你的应对方式写出来。

请试着想象，如果你是那位母亲，
请填上你的冰山各层次。

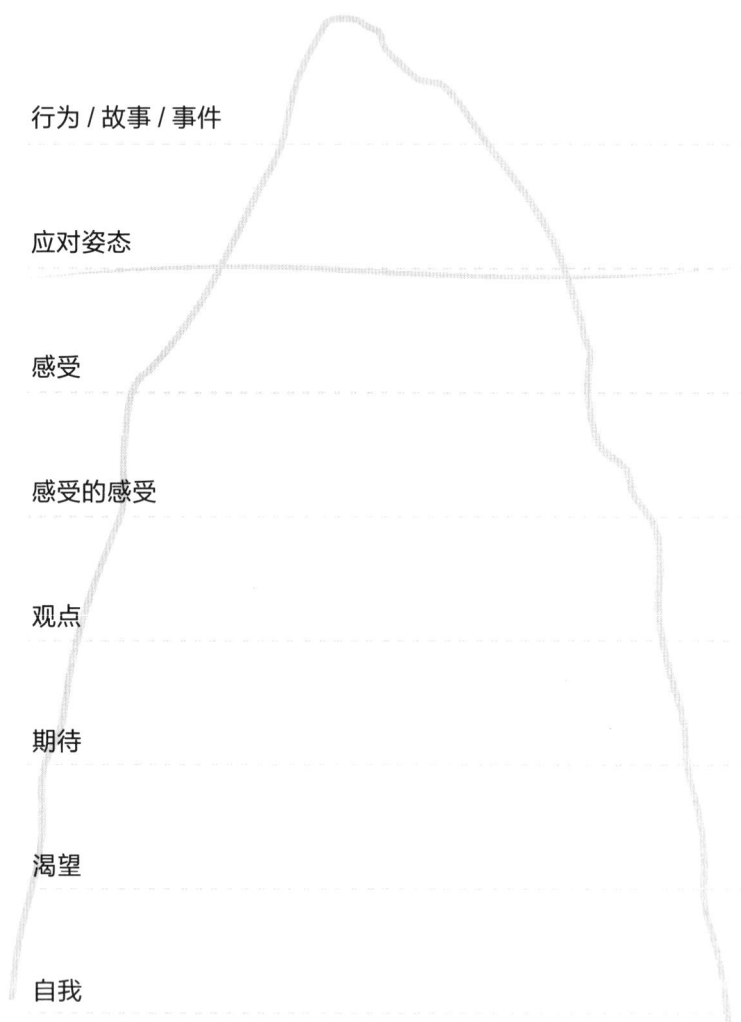

行为 / 故事 / 事件

应对姿态

感受

感受的感受

观点

期待

渴望

自我

应对哭闹男孩的建议

1.邀请父母检视自己的内在，当孩子哭闹的时候，父母内在有没有焦虑？有没有浮躁？有没有无奈？请父母觉察自己的内心，并且回应、安顿自己的内心。

2.能接纳孩子尿床吗？

3.能接纳孩子哭闹吗？

4. 当孩子哭闹时，身为一位妈妈，你能接纳自己吗？

5.孩子哭闹的时候，允许他哭个十秒钟，甚至更长一点儿时间。父母蹲在旁边听着，怀着爱陪伴，并整理自己的内在。

6.十秒钟之后，呼唤孩子名字，并且有意识地停顿，以停顿的节奏观察孩子的情绪，孩子情绪是否更高？或者平缓一点了？若是情绪更高了，那就停更久一点儿。

7.再调整自己的语速与语态。

给你一些对话的语言与方向上的参考：

"你在生自己的气吗？"孩子可能行为上会有所反应，进入更生气的状态，那是自然的现象。要以更长的停顿陪伴，让孩子意识自己被接纳。

若孩子哭泣更多，那也是自然的。可能是意识到被接纳，或者对自己的沮丧已经不用生气来保护了。

无论他有没有回答，都可以跟他说："你怎么会生气呢？你不是故意的。而且很多人都尿床到很大，比如，阿建老师尿床到九岁，你知道阿建老师吗？"

以类似的方式引导，让孩子明白、被共情，引导孩子认识自己，理解自己尿床不是故意的，那么孩子也就容易接纳自己。

找个安静的地方，缓缓地深呼吸，安静地对自己说："我不会放弃的，有一天我会成功。"

——李崇建《心念》

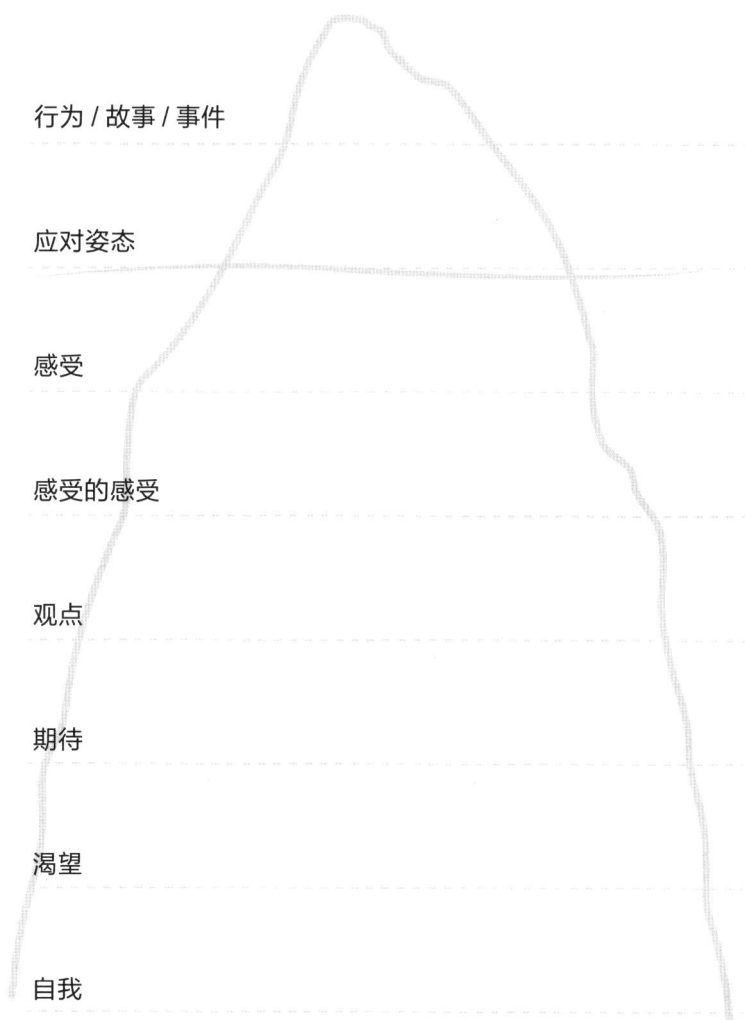

行为 / 故事 / 事件

应对姿态

感受

感受的感受

观点

期待

渴望

自我

人生最珍贵的，是从"输"里学到的东西。

——《心念》

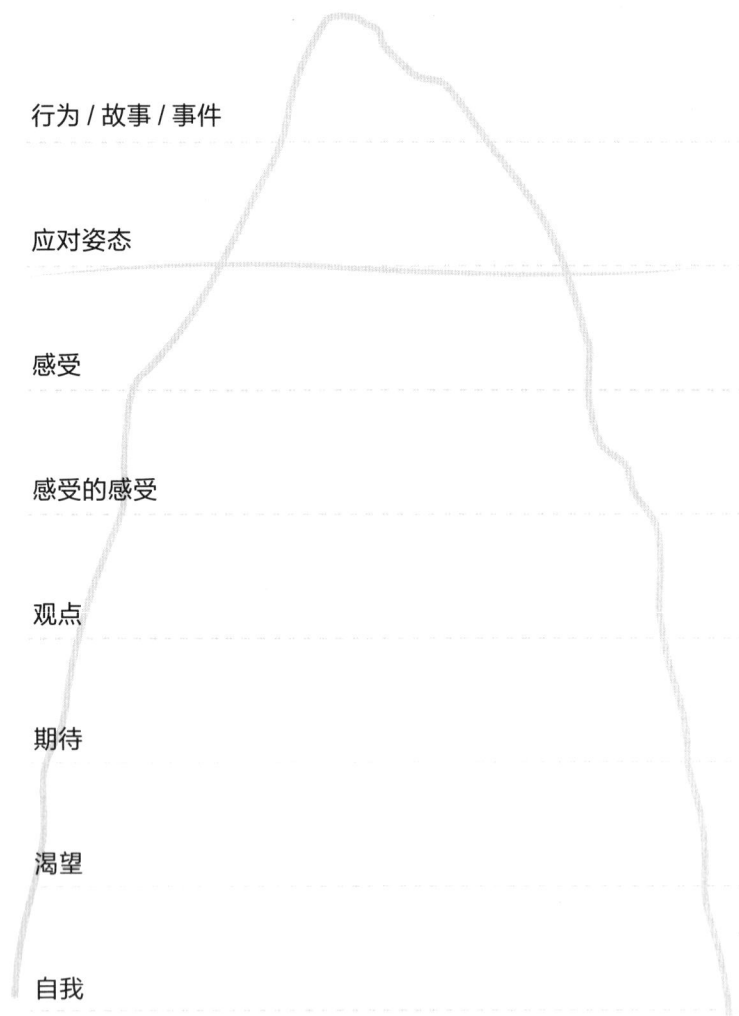

行为 / 故事 / 事件

应对姿态

感受

感受的感受

观点

期待

渴望

自我

宽恕和原谅自己，放下过去受的伤，放下未满足的期待，全心在当下感知。

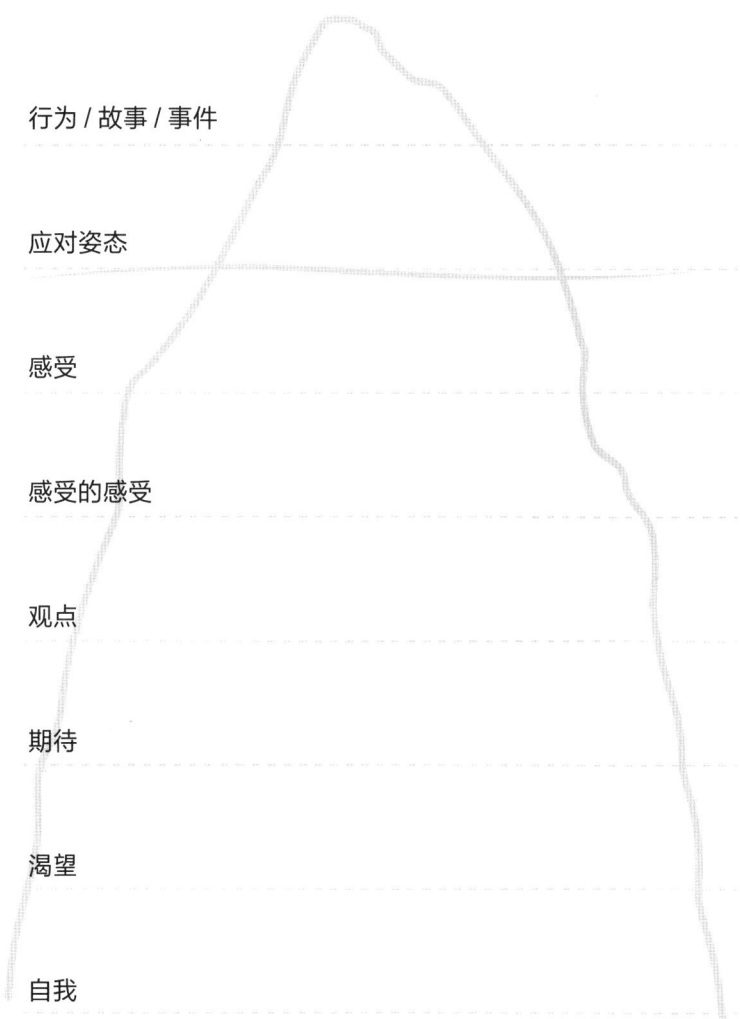

行为 / 故事 / 事件

应对姿态

感受

感受的感受

观点

期待

渴望

自我

今天深呼吸了吗？
时刻深呼吸一次，
成为一种习惯，
现在就深呼吸一次吧。

德国现代舞大师皮娜·鲍什的名言："形式不可能没有感觉。""我不在乎人们如何动作，而在乎什么使他们动作。"

——李崇建《移动的学校》

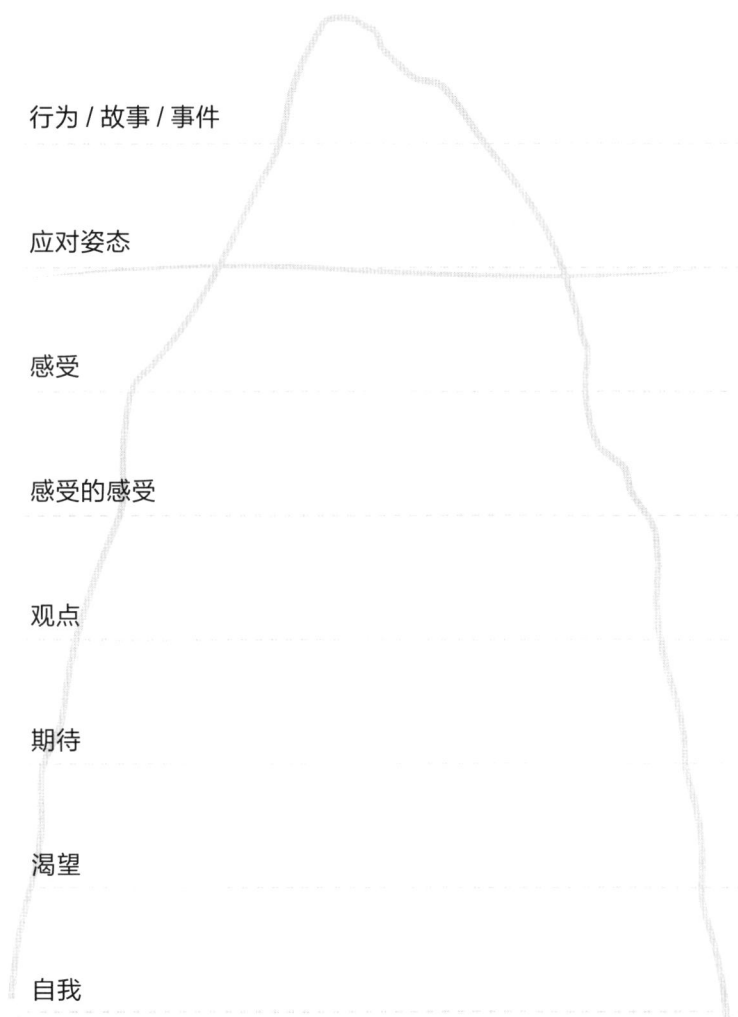

行为 / 故事 / 事件

应对姿态

感受

感受的感受

观点

期待

渴望

自我

父母是否可以深刻地看待孩子，而不是将孩子看成一个去追逐成就的人？

行为 / 故事 / 事件

应对姿态

感受

感受的感受

观点

期待

渴望

自我

具体事件练习

具体事件：

一般的说法：

小时候打破杯子，爸爸很凶地骂我。

具体体现细节的说法：

小学二三年级的时候，我想泡一杯牛奶，我记得自己到厨房的柜子上去拿一个透明的玻璃杯。外面正下着大雨，好像刚好打雷了，也可能我踮起脚，重心一个不稳，玻璃杯没拿稳就掉在地上碎了。爸爸到厨房里看，很大声很严厉地骂我，当时外面的雨很大……

具体事件练习描述细节

请你简述一个事件，最好是印象深刻的事件，或者是曾影响你的事件。不建议写重大的创伤，比如目睹亲人过世，或者性侵害的伤痛。

试着在十句话之内写出来：

当你写完刚刚的事件，请你深呼吸，也可以闭起眼睛，回想当时的场景，看看当事的人们，他们的表情，看看当时的场景，看看当时的自己。

现在，试着将这一段记忆，以具体描述细节的方式陈述：

具体事件（例）：

爸爸突然回家了，我很久没看到他，他一回到家，就跟妈妈吵架。

爸爸说他没有钱，要卖家里的东西。

妈妈就跟爸爸吵架。因为家里没钱了，爸爸欠了一身的赌债。他们吵架吵得很大声。

具体细节的建议方向：

当事人的年纪。

当时的时间、场景。

当时有谁说了什么话。

当时主要人物的行动。

你在哪里？

你做了什么？

具体呈现细节：

我读小学的时候，爸爸突然回家了。我很久没看到他，心里很期待他回家。

我记得那天是晚上，街道都是安静的，只有爸妈吵架的声音。

爸爸伸手跟妈妈要钱，妈妈说家里没钱买米了。爸爸大声说：如果不给我钱，我就卖掉家里的东西。

妈妈生气地将锅铲丢到地上，叫爸爸不要再回家，反问家里哪有东西可卖？爸爸大声说：哪里没东西卖？家里的摩托车我就要卖掉。爸爸转过头去，指着电视机说要卖，还说要卖掉妈妈的缝纫机。

我当时站在他们旁边，心里很害怕。很久没看见爸爸了。

我想起来了，爸爸还说要卖掉音响，对了，他说要卖掉音响。当时我听爸爸这样说时头脑空白一片，因为那台音响是我的命。我孤单的时候、痛苦的时候，都是那台音响陪我，爸爸说要将音响卖掉。当时我只有十岁，只有十岁而已，我好久没看见爸爸，他说要卖掉我的音响……

关于具体事件的说明

一般人描述事件，只呈现模糊的画面。将事件更具体地表达，重现当时的场景，仿佛安装摄影机，跨越时空回到过去。描述场景的细节，摄影机以特写镜头靠近，画面变得深刻。探索当时内在的变化，让冰山各层次受到冲击，无论是运用在对话，或者冰山书写都适合。

前篇案主的陈述，一开始陈述时表示自己找不到感觉。当案主第一次陈述时，表情沉稳如隔了一层，仿佛站在遥远的地方报道当年发生的事件。

案主被要求第二次陈述，加入当时的细节，诸如场景、时间、语言、自己所处的位置，案主突然记起更多细节，比如爸爸卖音响那一段。他在第二次陈述时，突然说自己想起来了，他内在的冲击加大，整个人哀伤得站不住，哭着说自己只有十岁。冰山的内在浮现出来……

请试着写出前一篇案主的冰山。

当人们只关注行为的成就，通常自尊比较低，常会感觉自己总是一个失败者。

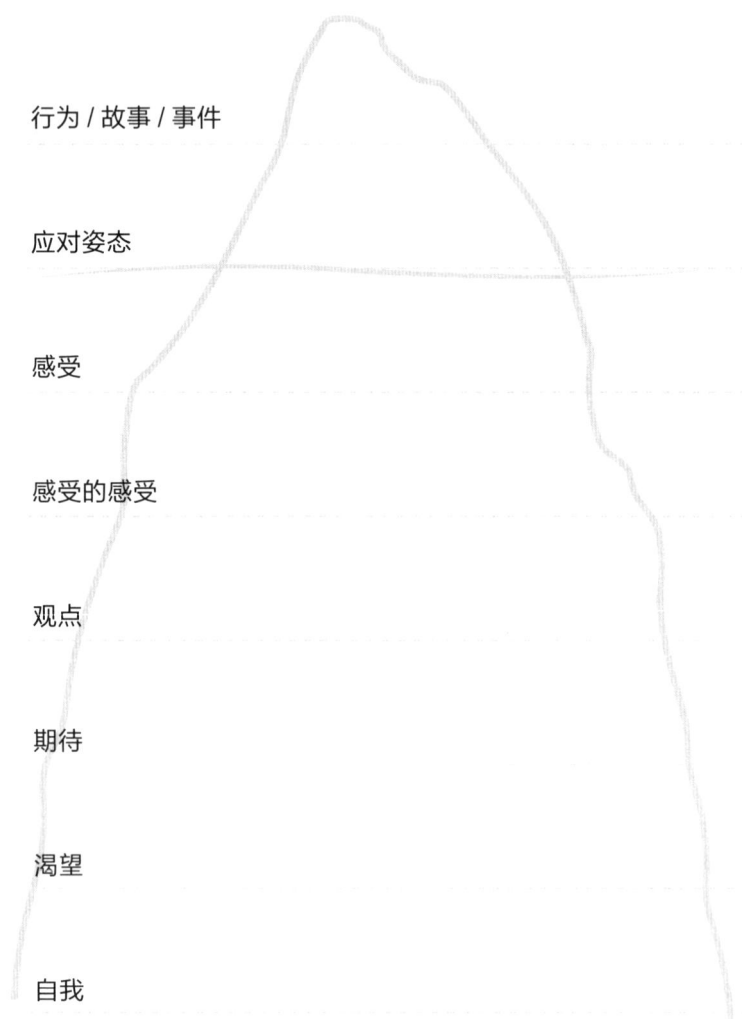

行为 / 故事 / 事件

应对姿态

感受

感受的感受

观点

期待

渴望

自我

输的时候，专注地深呼吸，静静地对自己说：我知道自己输了，感觉自己很难过。那就让自己难过吧！我还在学习如何输，我要成为一个丰富的人。

——李崇建《心念》

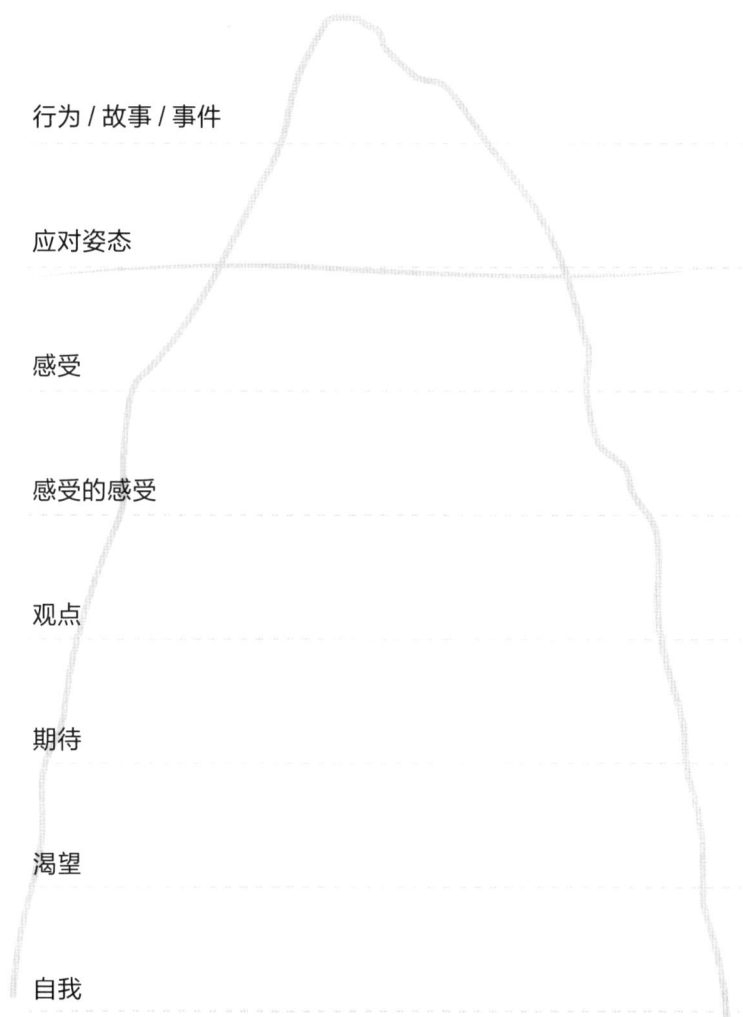

行为 / 故事 / 事件

应对姿态

感受

感受的感受

观点

期待

渴望

自我

教育不是只有一条路，但是教育常常使人走上同一条路。

——李崇建 甘耀明《没有围墙的学校》

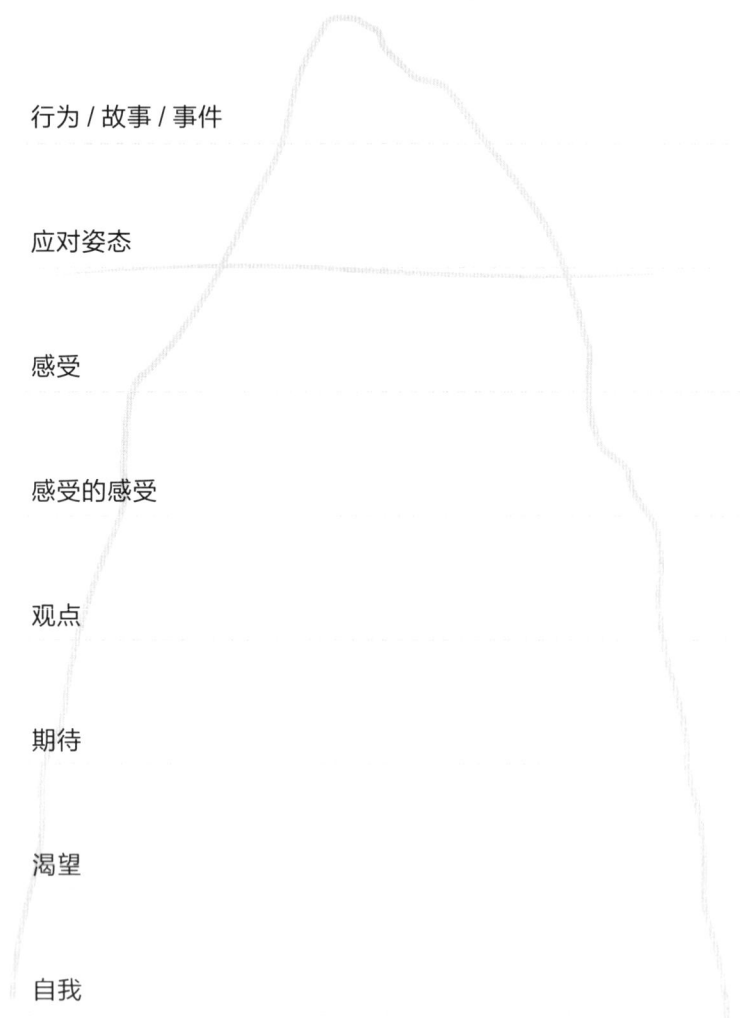

行为 / 故事 / 事件

应对姿态

感受

感受的感受

观点

期待

渴望

自我

觉察一下，今天的沟通
有哪部分专注而美？
哪部分的沟通姿态是
指责或超理智？

不要对自己说"我真糟糕"，而是对自己说："我正在努力。"

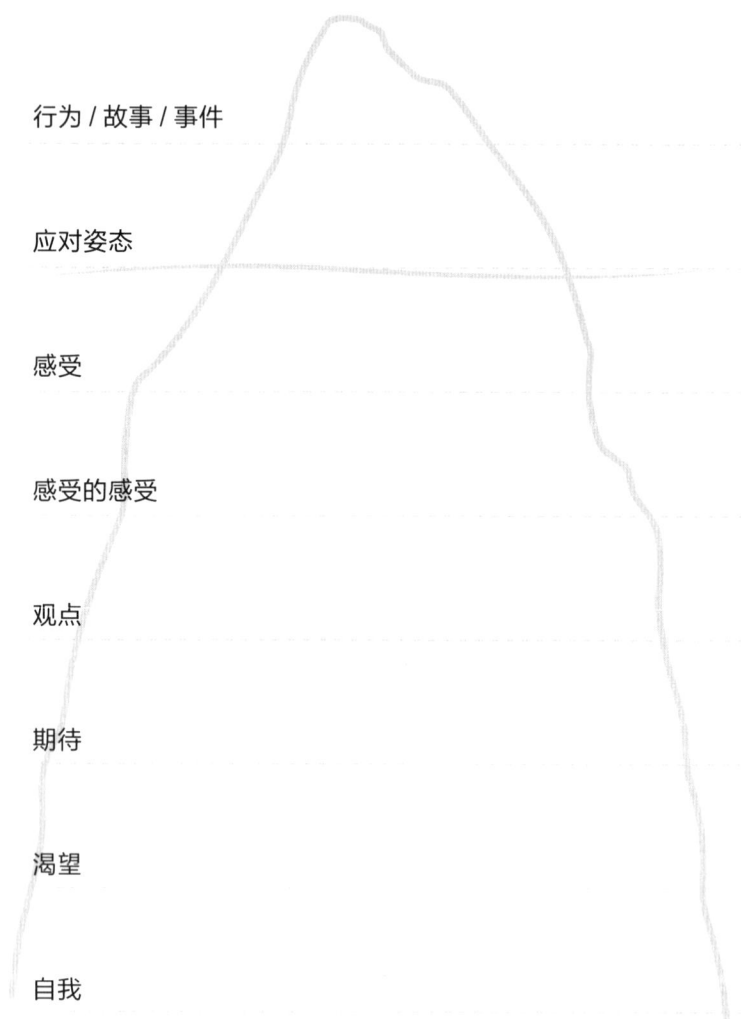

行为 / 故事 / 事件

应对姿态

感受

感受的感受

观点

期待

渴望

自我

疏导孩子情绪的方式，首先是梳理自己的情绪，以平稳宁静的语态面对孩子，其次便是同理孩子的情绪。

——李崇建《心教》

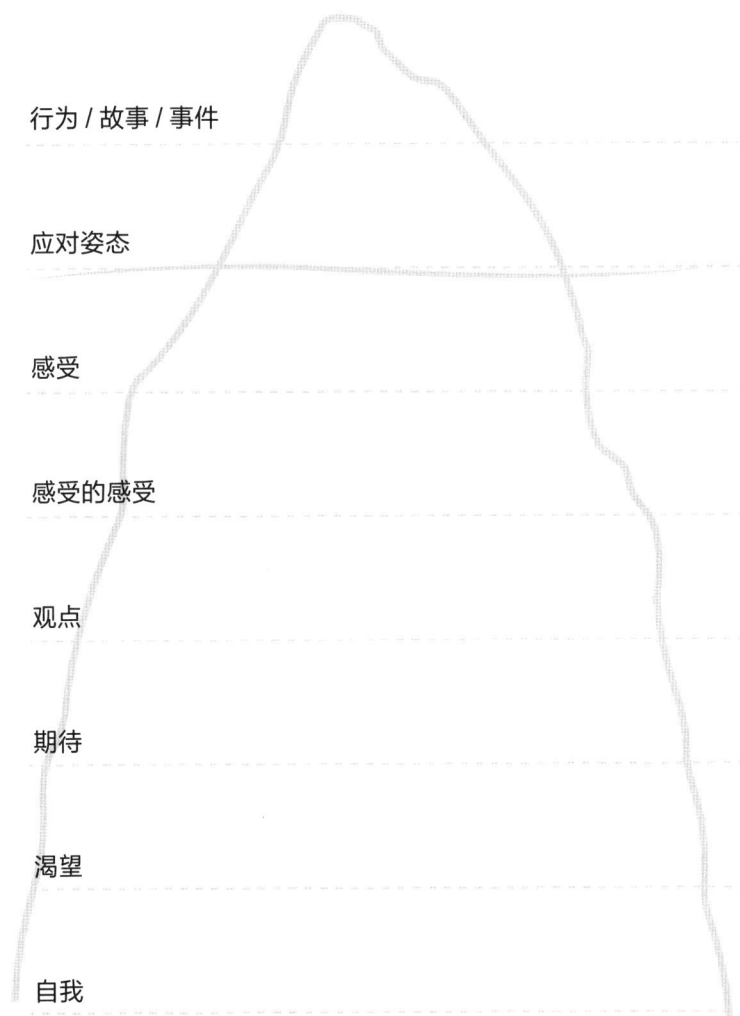

行为 / 故事 / 事件

应对姿态

感受

感受的感受

观点

期待

渴望

自我

面对问题时，学习不以解决问题为目标，而是通过好奇的对话，关心与了解孩子的内在。

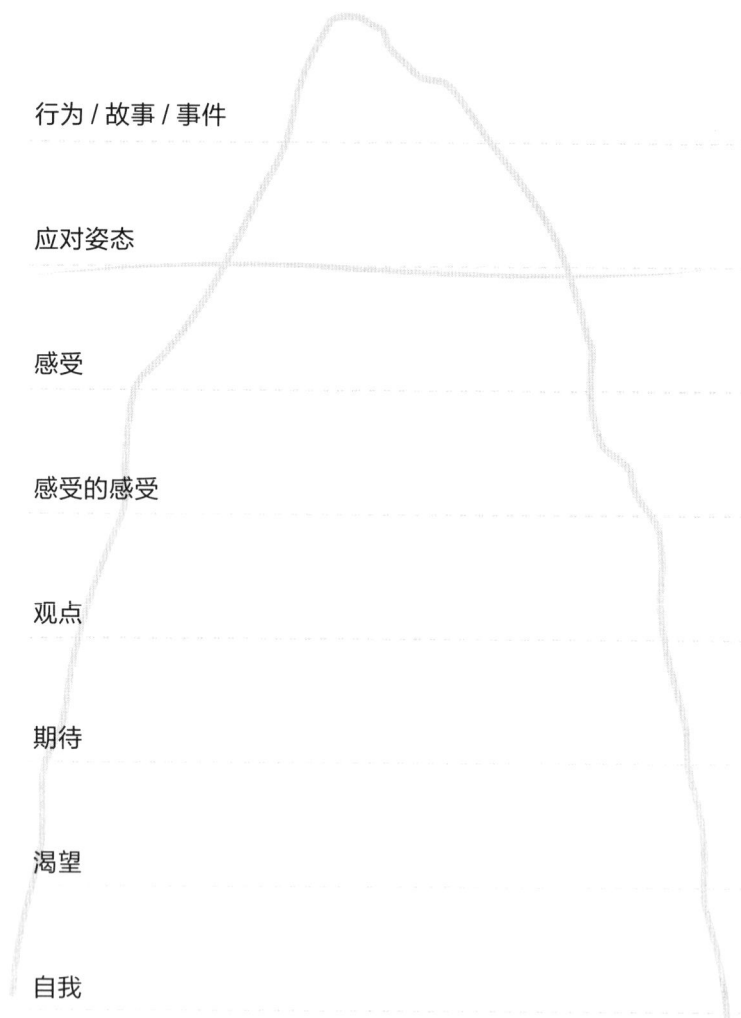

行为 / 故事 / 事件

应对姿态

感受

感受的感受

观点

期待

渴望

自我

带着尊重的心，接纳彼此的差异，并且将时间留给彼此。

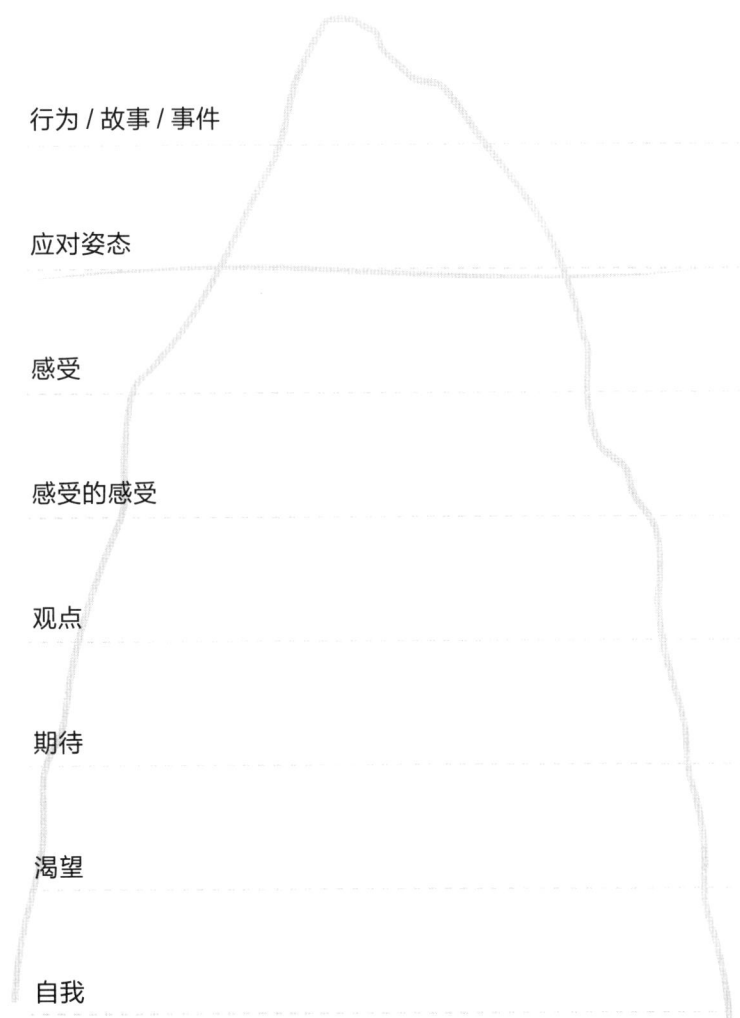

行为 / 故事 / 事件

应对姿态

感受

感受的感受

观点

期待

渴望

自我

在对话中真心探索，理解对方，就是充满觉知与爱的过程。

——李崇建《麦田里的老师》

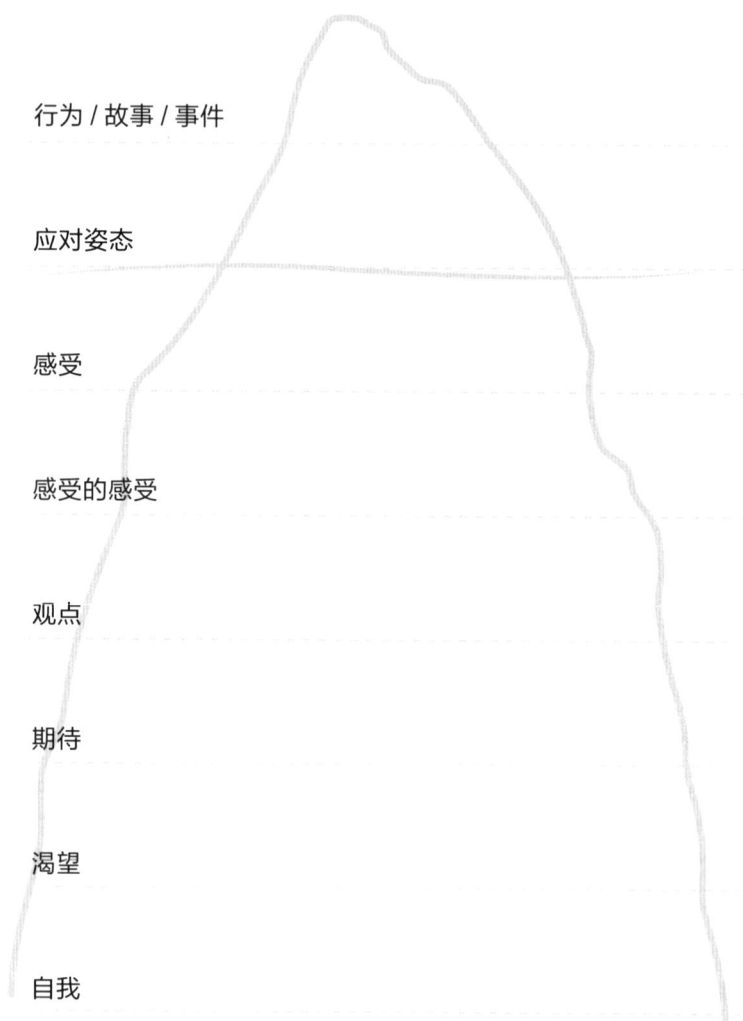

行为 / 故事 / 事件

应对姿态

感受

感受的感受

观点

期待

渴望

自我

将你最近的沟通状况重新检视一下。不是检讨对方，而是想想下一次我可以如何沟通。

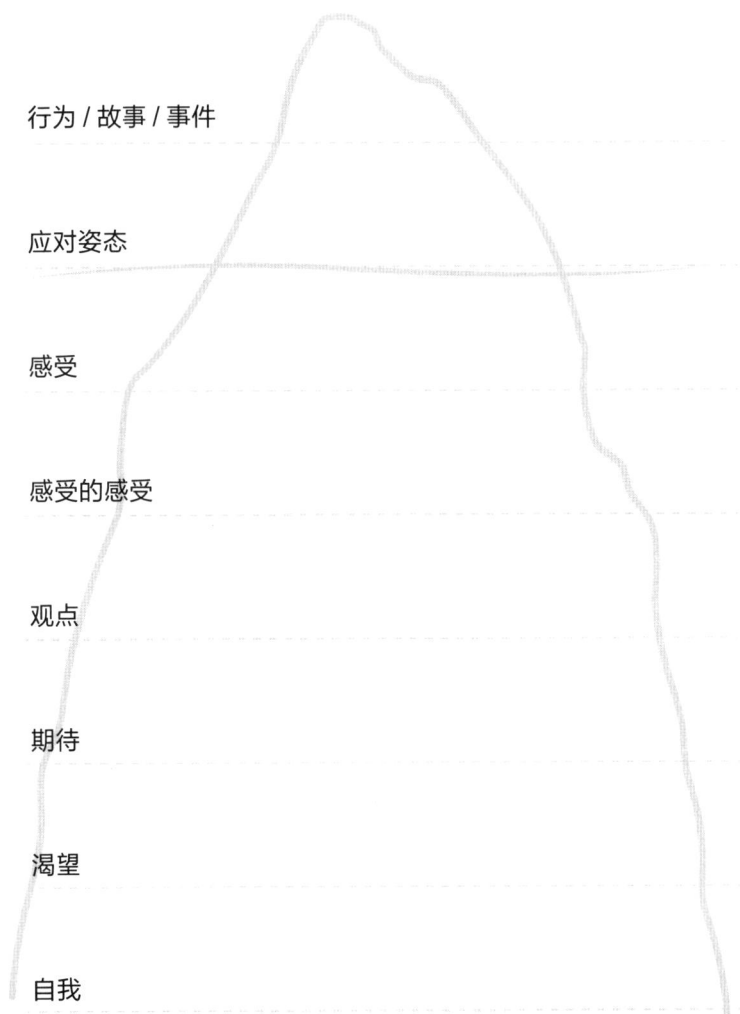

行为 / 故事 / 事件

应对姿态

感受

感受的感受

观点

期待

渴望

自我

具有体验性的叙述

1907 年弗洛伊德提出：叙述带来疗愈。

一个悲伤的人、受伤的人、愤怒的人，若也能完整叙述，内心就能舒坦许多。不断抱怨的人，为何没有停止抱怨，也没有被疗愈呢？因为未被人真正倾听。叙述的人，需要一个倾听者。

倾听是一种素养。一般人不容易倾听，因为倾听的人内在也会有波动，会想要安慰、说理、建议、反驳……

当别人叙述的时候，
其实，只要倾听就行了。

专注地倾听，对一般人而言，并不容易。
专注地倾听，就是一种接纳。
倾听时不要一直以某种音调的"嗯嗯"回应。倾听者自己也可以觉察，自己听见了什么？自己的内在发生了什么？

好奇的对话

专注地倾听，已经是美好的回应。

倾听者需要注意自己的姿态。

若需要回应，可以重复对方的语言。

重复语言是门技术，不同的语言重复，会带来不一样的结果。

叙述者的语句被重述确认，让叙述者重新听见，也重新回应自己。

重复语言有助于对方觉察。

重复语言也是核对。

在一堆语言陈述中，挑中关键字重复，是高级的重述。

专注倾听之后，才会有好奇。

好奇的语言要减少"为什么？""你觉得呢？"

可以多用："我很好奇""怎么了？""还好吗？""怎么办？"好奇是想要了解他人，知道他人真正的问题。

好奇能让对方觉知。

好奇能让对方叙述，对方就有了疗愈。好奇能让对方扩张思维。

好奇能让人有同理心。

郭进成老师提供一则对话

未经好奇的对话：夫妻的对话日常

先生对太太说："今天我的心脏有时会不太规律地跳动。"

太太立刻回先生说："要不要去做检查？"

太太立刻给了建议，或者给了答案。

先生欲言又止，对话结束。

郭进成老师提供好奇对话

先生对太太说："今天我的心脏有时会不太规律地跳动。"

太太询问："你会担心吗？"

先生回答："嗯，好像有一点。"

太太的好奇展现了关心："是今天才发生的？还是之前也有过呢？"

先生回答："其实今天早上我做了一个很奇妙的梦，让我想起童年的一些事。"

太太说："喔，怎么说？你想多说一点吗？"

先生开启了和太太的深刻对话。

专注倾听与好奇，是让对方叙述的关键。

当有人愿意倾听，就有人愿意说了。

当有人理解如何好奇，温暖与觉知就进来了。

对他人倾听与好奇，对自己也需要倾听与好奇。

倾听自己，可以透过自由书写、心灵书写与冰山书写呈现。

倾听自己，意味着不要对自己批判、说教、逃避，也不要可怜自己。

若你是述说者，也尽量不要抱怨，而是试着单纯陈述一件事的历程。

对他人好奇，对自己好奇，可以时间线为横轴，这样就有了回溯。

以冰山为纵轴，在每个时间点上都有一座冰山。以好奇的问句，在时间轴提问，也在冰山各层次提问。

完整地叙述一件事，会让能量流动。

叙述过去的事件，事情对今天有影响吗？

那影响是好的吗？若不是好的，自己想改变吗？

自己是否有内疚？是否会自责？

今天的你，会怎么看当年的自己呢？

当年的你，有何未满足的期待吗？

当年未满足的期待，对你有冲击吗？

当年的自己，值得被爱吗？是有价值的吗？

叙述一个具体事件。叙述完之后，参考上面写的问题，对自己提问。

我很重要，你很重要。发生于我之间的，也很重要。

——萨提亚

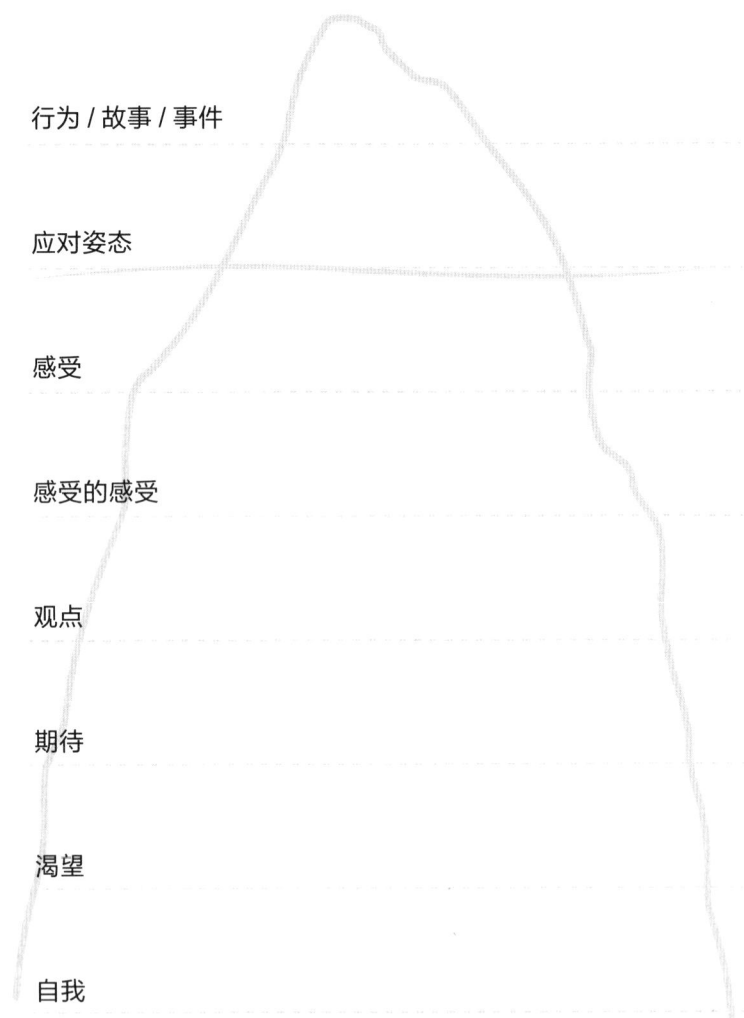

行为 / 故事 / 事件

应对姿态

感受

感受的感受

观点

期待

渴望

自我

你发现你的生命可以重新展现新方向，这一切都是为了你自己。

——萨提亚

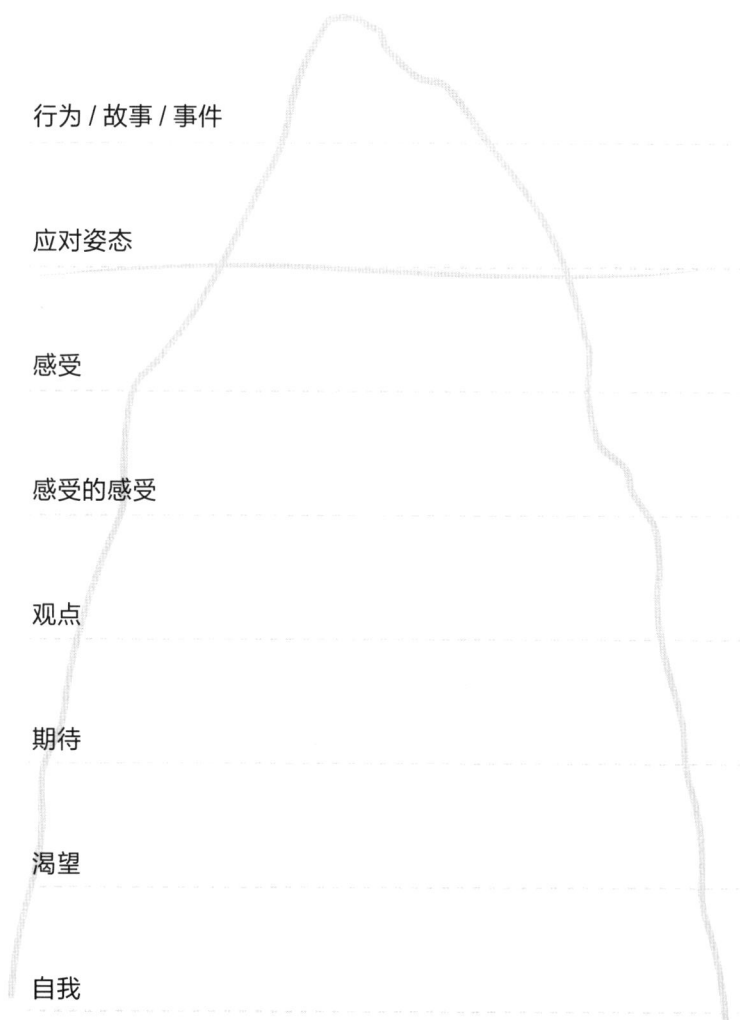

行为 / 故事 / 事件

应对姿态

感受

感受的感受

观点

期待

渴望

自我

当沟通出问题的时候，

你拥有觉察了吗？

双方都在强辩，

孩子正有情绪，

那就停下来，

运用十句"好奇"问话吧！

好奇的对话

来看一位妈妈的好奇对话。

我不喜欢树葡萄，入口酸涩，果肉只有一点儿，果皮很厚。

昨天去宿舍看孩子。孩子打开衣柜，拿出一个透明塑料袋，里面有一堆树葡萄。我的理智脑首先冲出，想要讲道理："孩子啊……这这这，怎么放衣柜呢？又不是冰箱……"但我没说出来，我深呼吸，决定先好奇……

妈妈："宗廷啊……这是什么啊？"（呼唤名字，停顿，好奇）
宗廷："树葡萄。在宿舍前面摘的，我都洗过了，妈妈你吃。"

妈妈拿了两颗出来吃。宗廷："好吃吗？"
妈妈自觉有点儿敷衍地说："嗯……"但仍然好奇地问："什么时候摘的？农耕的时候吗？"
宗廷："农耕回来以后才摘的，我们下楼就会看到那棵树。"

妈妈："你怎么会有这个袋子呢？"
宗廷："我去回收站找的，我洗过了。"
妈妈："嗯……（深呼吸，再深呼吸。实在很想说这样不太卫生，但是他都强调他洗过了）回收站找到的啊。（重复语言）"

妈妈:"怎么会想摘树葡萄?"

宗廷:"一开始是同学发现的,说有树葡萄耶!我们就去摘了。"

妈妈:"你一开始就想要留给爸妈吃吗?"

宗廷:"一开始想要摘给同学,后来想到你们。我把裤子口袋装满,装不下了,就去回收站找袋子。先找到一个小号的,洗一洗,后来装不下,再去找一个中号的,洗一洗,还是装不下,再去找到这个最大的,洗一洗袋子,再把树葡萄都洗一洗……"

我边听边想象着,孩子小小的身影,像只忙碌的小蜜蜂,飞啊飞啊,进出宿舍,找啊找啊,洗啊洗啊……满怀喜悦地、专注地想让爸妈吃到干净的树葡萄。

宗廷:"妈妈,我摘树葡萄给你,你高兴吗?"

妈妈:"我很高兴,这是世界上最好吃的水果。"这次我不是敷衍,是真诚的赞叹!

我品尝到的幸福是他的心意,如果刚刚以惯性应对,又开始指责或者是急着讲道理,而没有好奇的话,是得不到最后的真相,也听不到那份心意的。

透过这次跟宗廷的对话,我休会到,只要张开发现美的眼睛,万事万物都可以是美好的。谢谢宗廷的心意,谢谢阿建老师教我如何好奇。

我和她话家常，带着极大的参与感，与她共同分享，而不是虚应故事。

——《麦田里的老师》

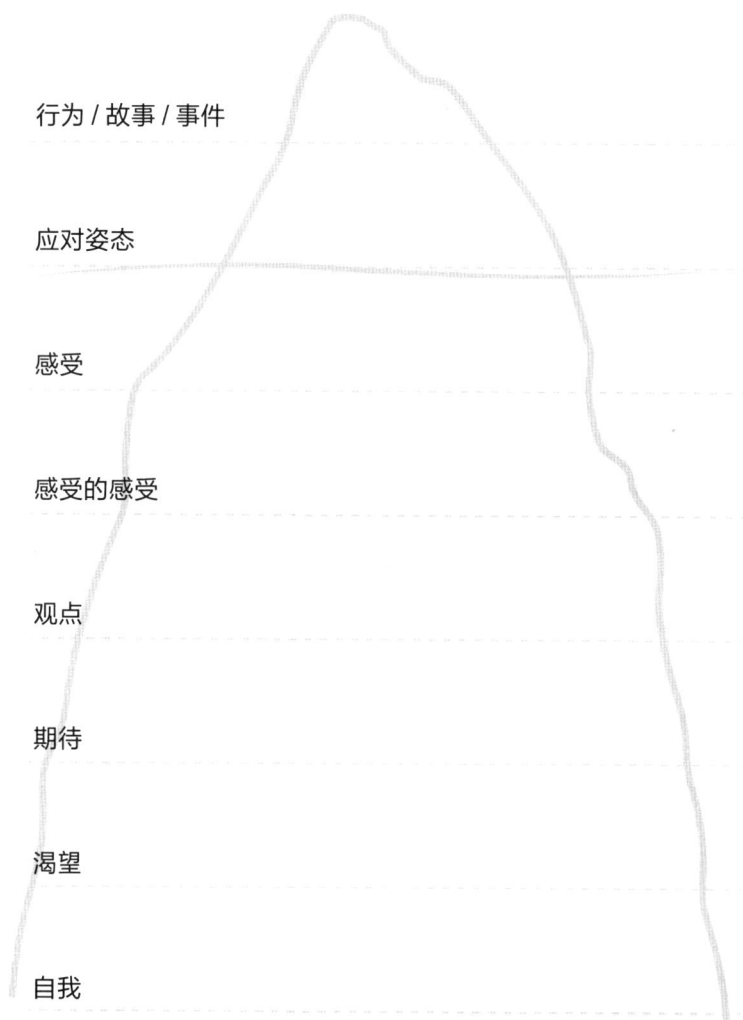

行为 / 故事 / 事件

应对姿态

感受

感受的感受

观点

期待

渴望

自我

有一些人某些部分像我，但没有一个人，完全和我一模一样。

——萨提亚

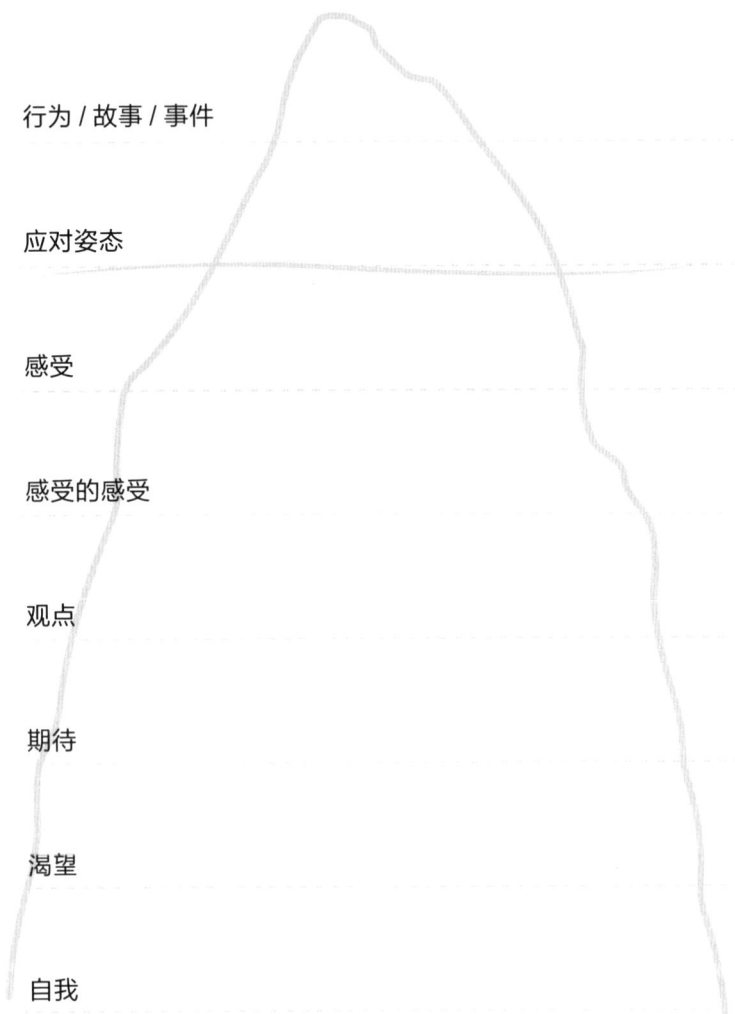

行为 / 故事 / 事件

应对姿态

感受

感受的感受

观点

期待

渴望

自我

述情

什么是述情？

情绪是与生俱来的，每个人都应能觉察情绪，并且表达自己的情绪。若是不能表达自己，则被称为述情障碍，又被称为"情感表达不能"或"情感难言症"。

早期的心理学家、神经学家科特·戈德斯坦曾说："人具有表达和活出自身全部潜能的天性。"所谓的"活出自我"，某部分的意义，就是表达更多潜在的自己。

人若无法表达自己的情绪，便与自身失去联系，会产生身心的症状。述情障碍的程度越严重，人便越失去平衡，容易在受压力时感到抑郁，或感到不断的焦虑。

将冰山视为一个人的隐喻，事件是冰山的最上层，陈述事件也是述情的一部分。

感受是冰山水平线下第一层，述情的基础除了事件，能觉察事件带来的情绪、承认自己的情绪、接纳自己的情绪，则是表达自我的深刻意涵。因此在情绪处停顿，与情绪深度联结，将阻断原有的惯性思路，带出不同的生命风景。

积极述情

叙述事件也是述情，以前述的童年事件为例：

小学二三年级的时候，我想要泡一杯牛奶，我记得自己到厨房的柜子上拿一个透明的玻璃杯。外面正下着大雨，好像刚好打雷了，也可能我踮起脚，重心一个不稳，玻璃杯没拿稳，就掉在地上碎了。

爸爸到厨房里看，很大声很严厉地骂我。

当时，外面的雨很大……

积极述情的说法：

小学二三年级的时候，我想要泡一杯牛奶，我记得自己到厨房的柜子上拿一个透明的玻璃杯。外面正下着大雨，好像刚好打雷了，当时我有一点儿害怕……

说到情绪词汇"害怕"时，请停下来，闭上眼睛，体验这个害怕，可以体验三秒，或者更久一点。再写出、说出：我害怕的是……

陈述情绪的词汇，以及情绪产生的原因，再接着叙事，可能与原本未在情绪层面停留的叙事，有不同的走向、不同的画面、不同的陈述内容。

或许也可以说：

爸爸骂我的时候，我感到很难过。

请在难过处停下来，闭上眼睛，体验这个难过，可以体验三秒，或者更久一点儿，再写出：我难过的是……

请描述一个过去的事件，先以文字记录下来：

请填入冰山的各层次。

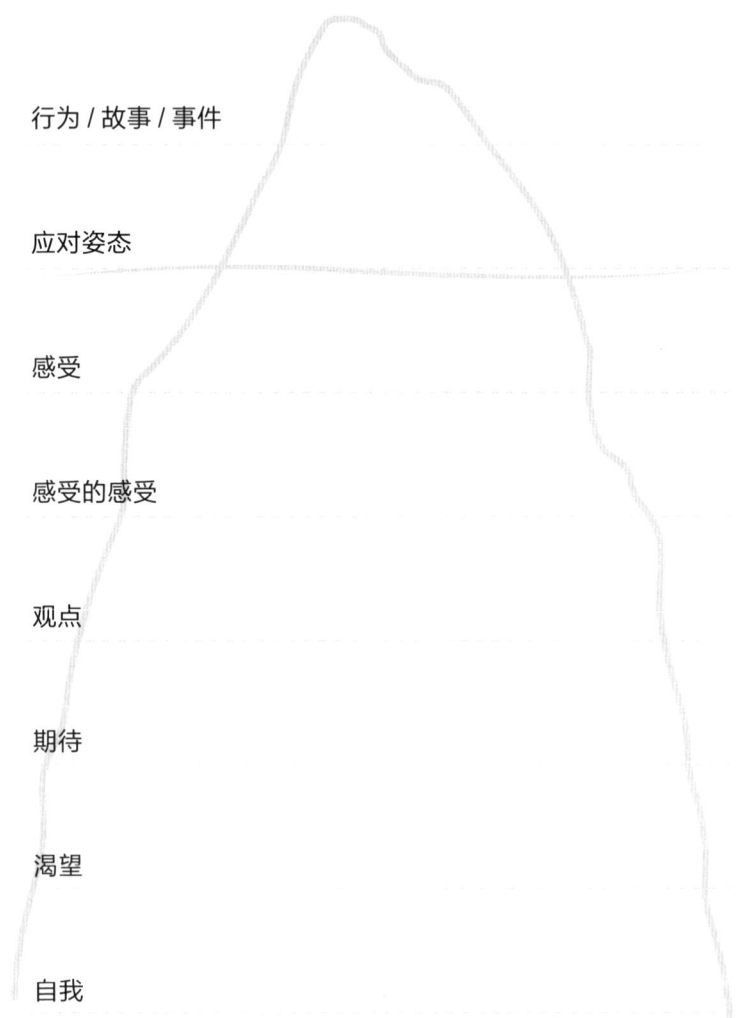

行为 / 故事 / 事件

应对姿态

感受

感受的感受

观点

期待

渴望

自我

请以积极述情的方式，再次陈述一次。

请再次填入冰山的各层次，看看有何不同？

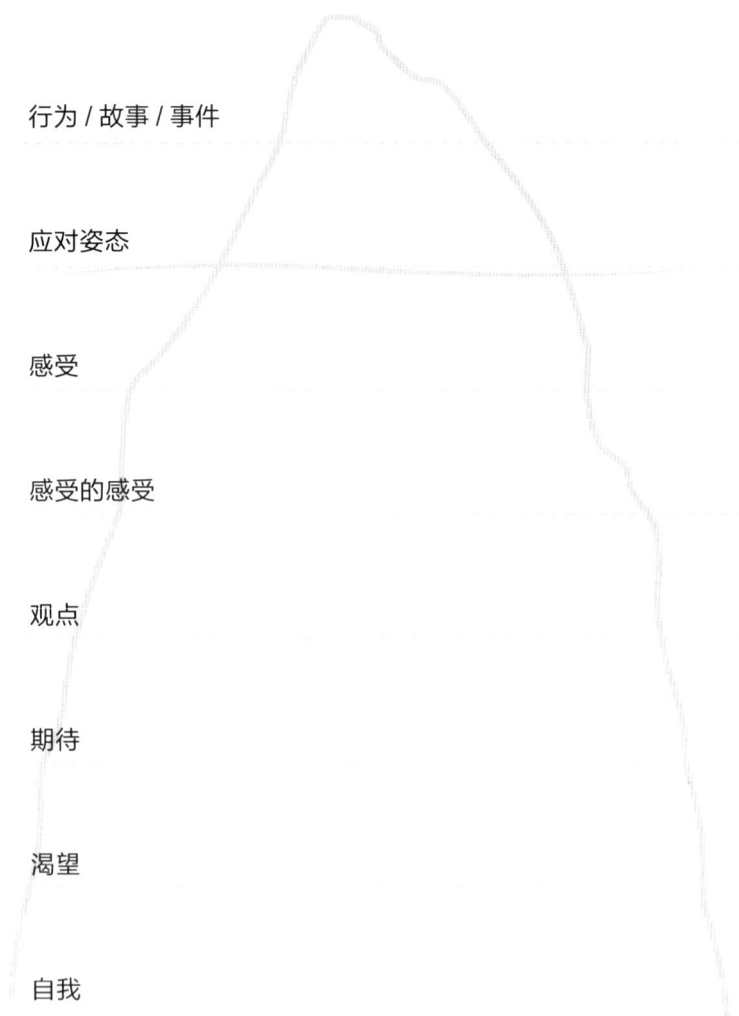

行为／故事／事件

应对姿态

感受

感受的感受

观点

期待

渴望

自我

以上述打破玻璃杯为例，可以进一步提问：

这个害怕现在还会出现吗？

这个害怕常在什么时候影响我？

这个害怕出现时，我怎么看自己？

我允许自己害怕吗？

我现在可以再次接触这个害怕吗？

当我再次接触害怕，我有什么感觉？

当我再次接触害怕，我脑海里出现了什么新的画面和看法？

请延续刚刚的述情，根据提示，再次向自己提问。

当你再次提问自己，请再一次填入冰山各层次，有没有新的变化？

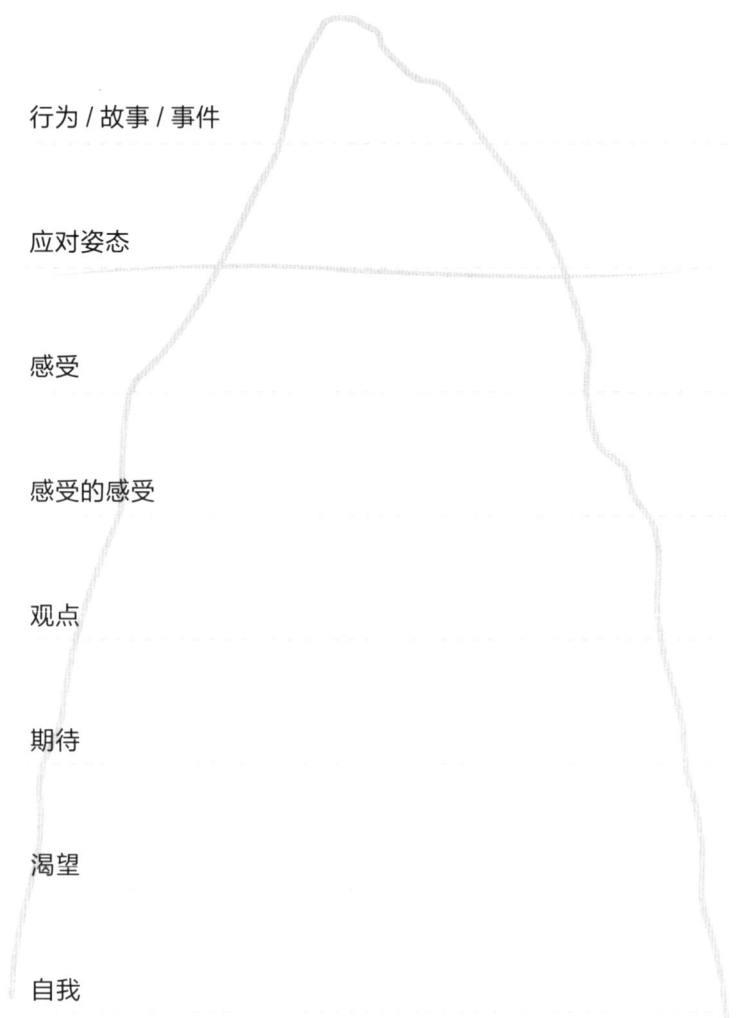

行为 / 故事 / 事件

应对姿态

感受

感受的感受

观点

期待

渴望

自我

无论我做了什么，我永远值得被爱。

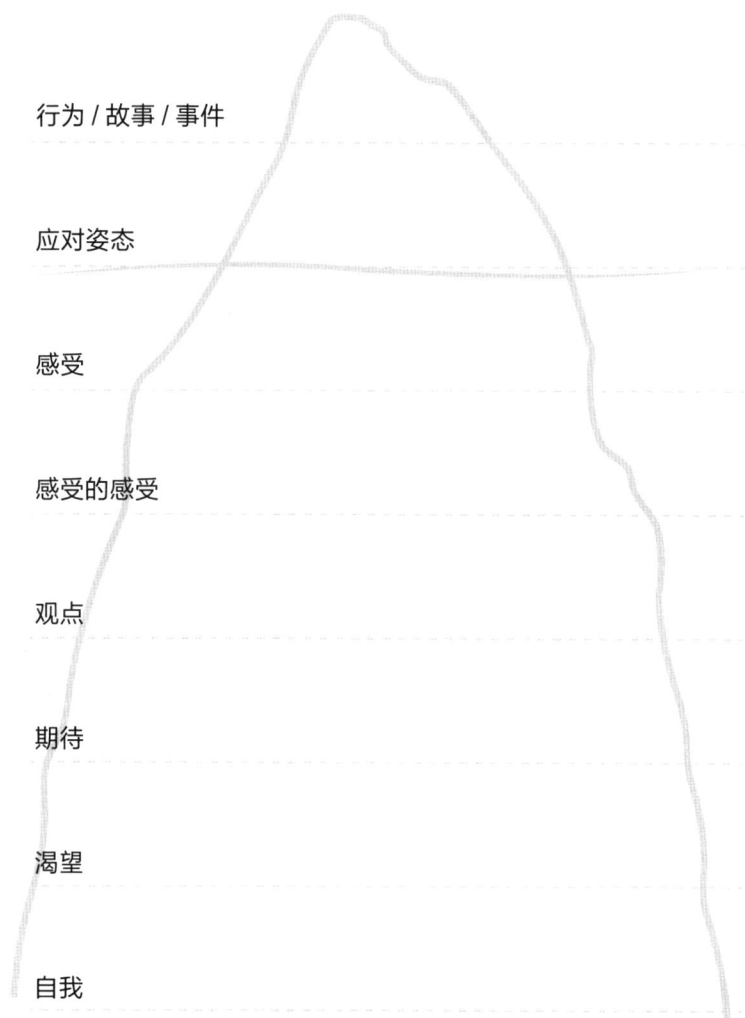

行为 / 故事 / 事件

应对姿态

感受

感受的感受

观点

期待

渴望

自我

给你的身体一个充满欣赏与善意的信息，现在就开始。

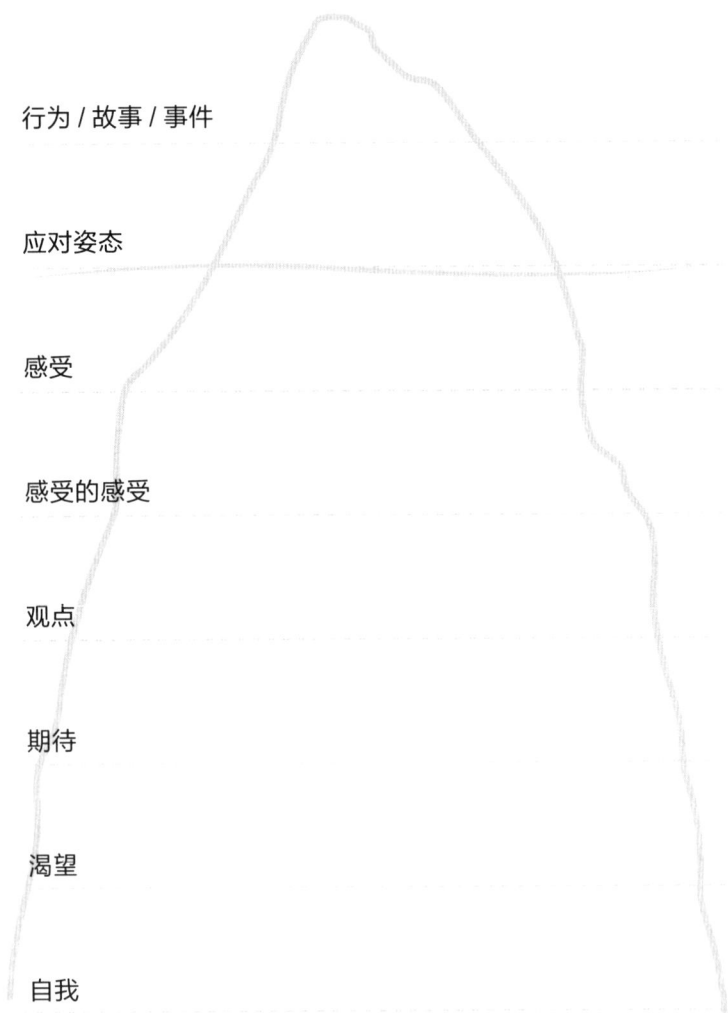

行为 / 故事 / 事件

应对姿态

感受

感受的感受

观点

期待

渴望

自我

要负责，不要自责。负责是站起来面对，做错了改变就行了；自责犹如拿刀伤害自己，削弱自己的力量。

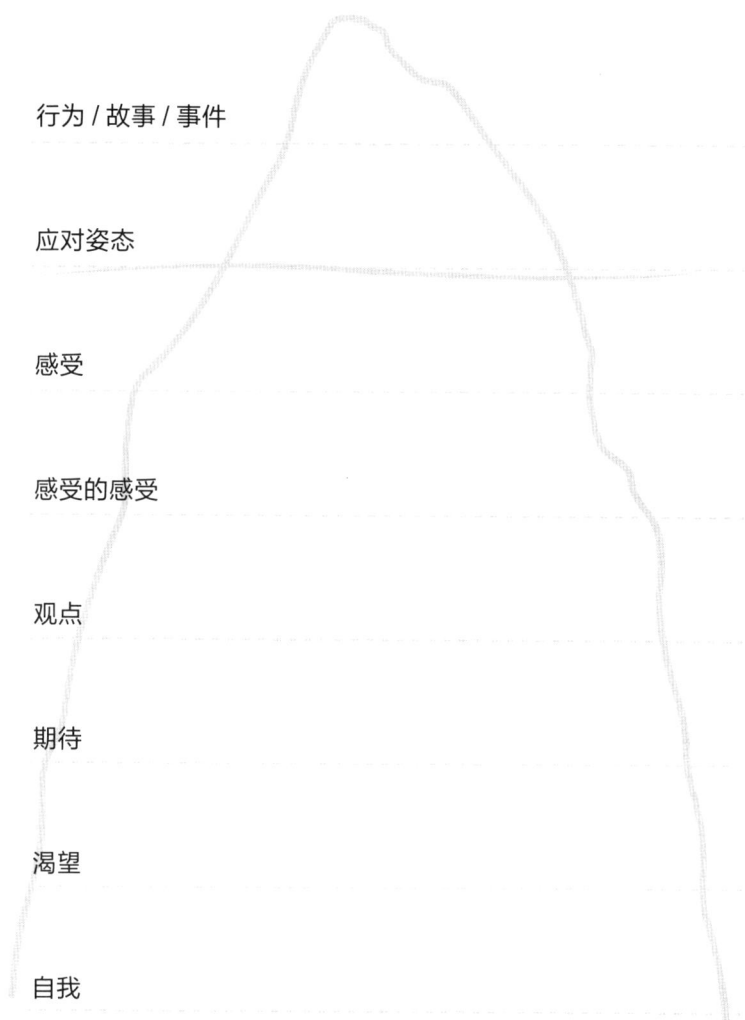

行为 / 故事 / 事件

应对姿态

感受

感受的感受

观点

期待

渴望

自我

原来接纳的感觉带着一种爱与力量，一种宁静淡定的感受。

——《麦田里的老师》

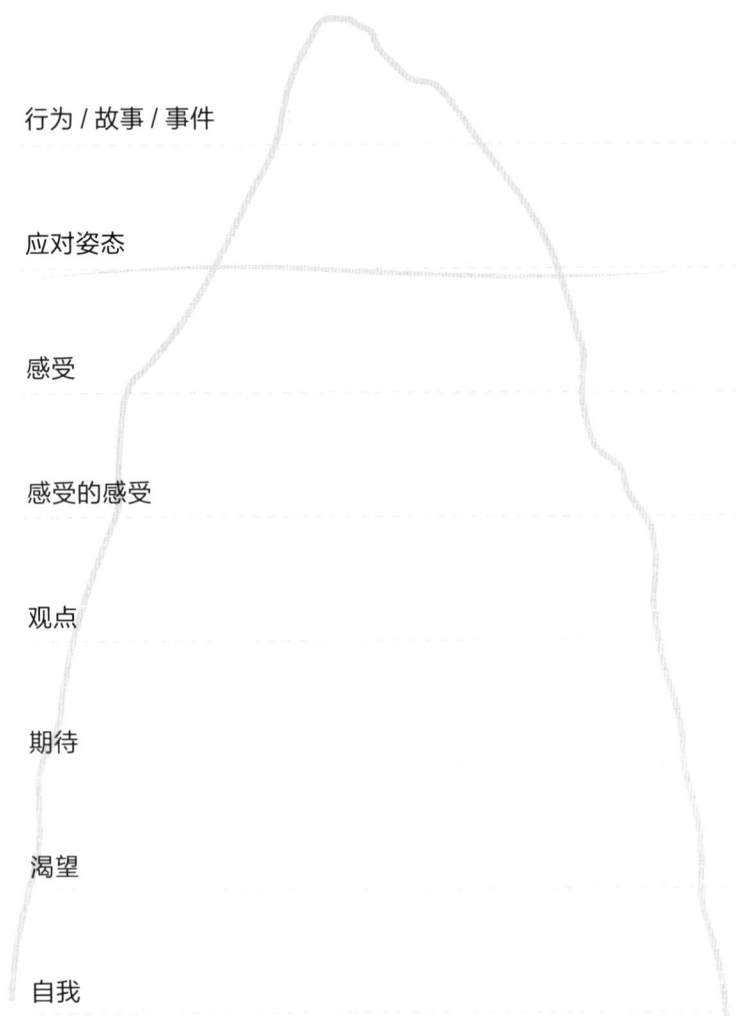

行为 / 故事 / 事件

应对姿态

感受

感受的感受

观点

期待

渴望

自我

你听到哪一句话
身体会有感觉呢？
捕捉那种感觉，
并且停留在那种感觉，
完全地感受那种感觉。

感受需要被承认，也需要有机会表达出来，而不是让感受控制自己。

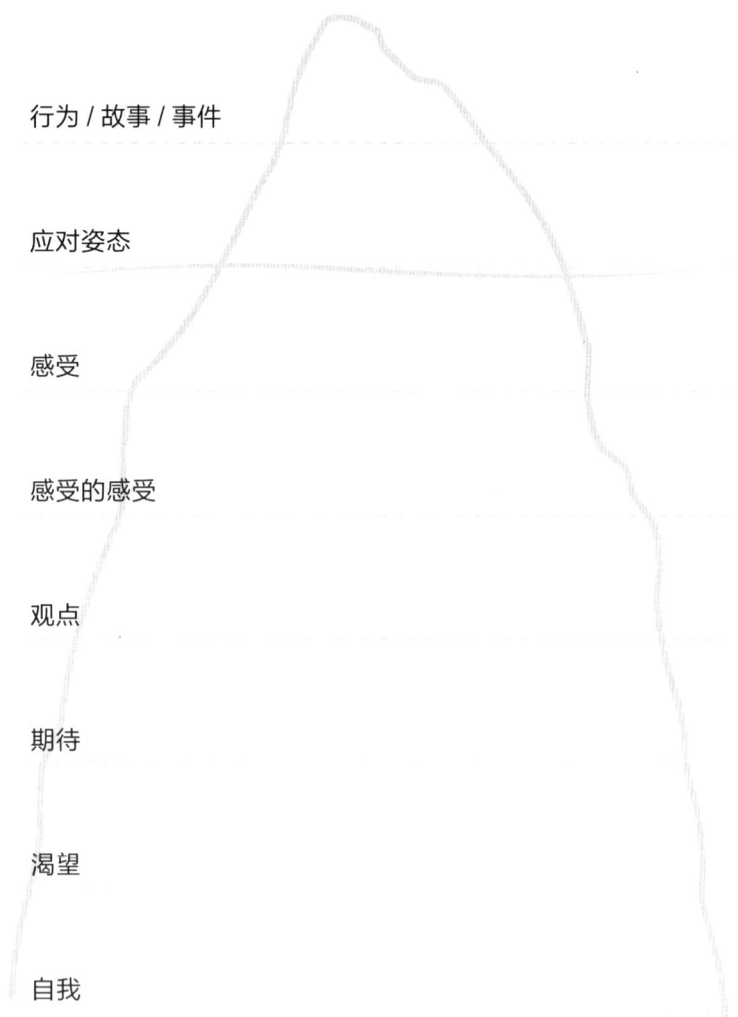

行为 / 故事 / 事件

应对姿态

感受

感受的感受

观点

期待

渴望

自我

核对

核对目标

在一个事件中核对自己的目标。这个目标是以自己为主，而不是将目标放在他人身上。

当他人做出某些行动，即使不合理，都要问自己：内在发生了什么？我做了什么回应？

因此以自己为主的目标可以是：
我可以如何照顾内在？
我可以做什么样的应对？

当妈妈抱怨孩子总是不好好写功课，
妈妈的目标通常是：让孩子好好写功课。

问话的人要探索妈妈内在的发生。
妈妈有没有生气？
妈妈有没有觉察自己的生气？
妈妈有没有照顾自己的生气？
妈妈如何回应孩子？

因此目标会拉回：当孩子不写功课时，妈妈要觉知自己的情绪，并且学会如何和谐应对孩子。

请写下一个最近发生的事件，问问自己原本的期待为何？

检视自己的期待，是否以自己为目标，还是只以他人改变为目标？

对于刚刚写下的事件，经过积极述情之后，请试着重新核对目标：是否可以改变自己的内在，以及改变应对的行为？

一个人所做出的行为和这个人的存在，是不同的层面，因此我们学会了接纳。

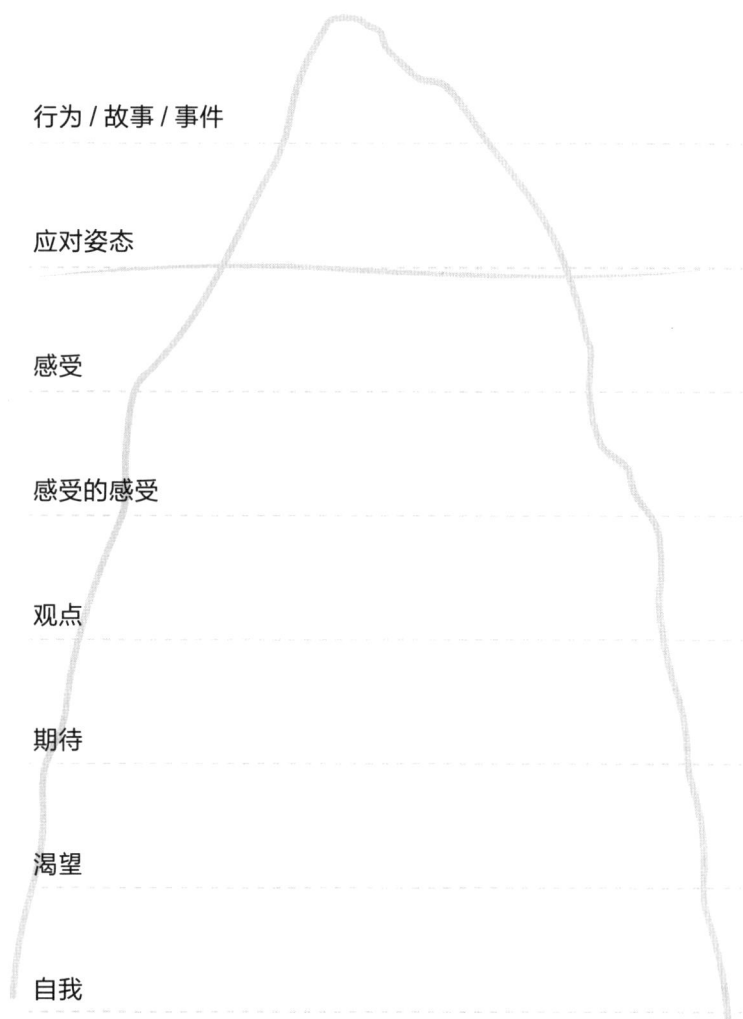

行为 / 故事 / 事件

应对姿态

感受

感受的感受

观点

期待

渴望

自我

正向不是看资料、成绩与表面，而是看到全景、渴望与资源。

——《心教》

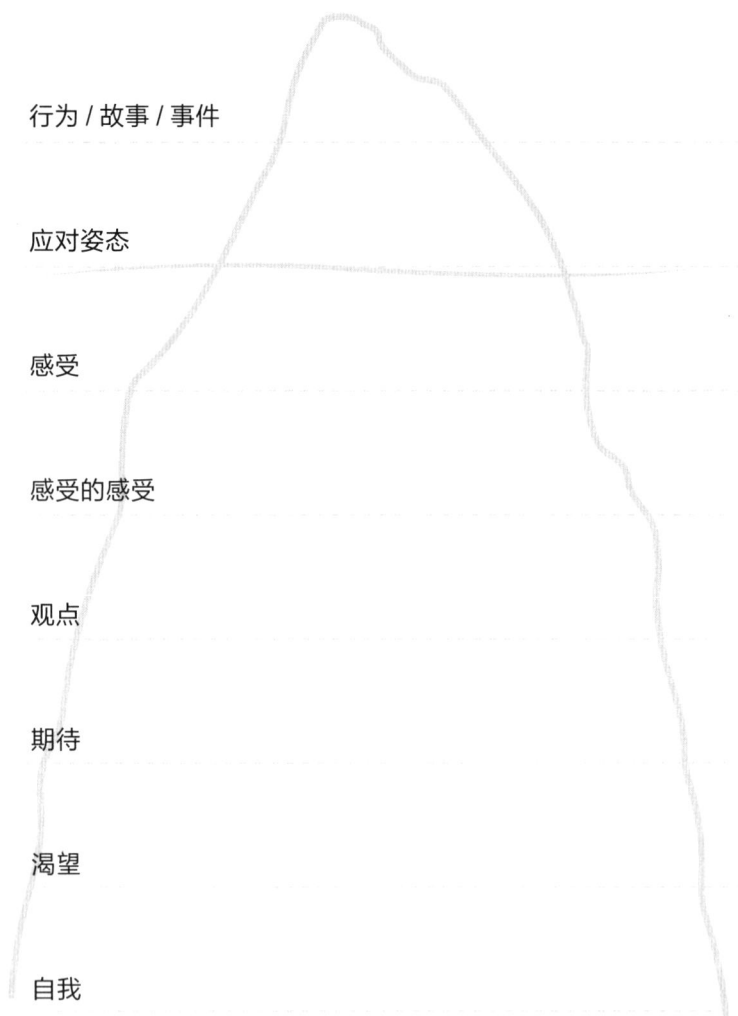

行为 / 故事 / 事件

应对姿态

感受

感受的感受

观点

期待

渴望

自我

今天

觉察自己的情绪了吗？

每天觉察五次以上情绪，

并且回应自己的情绪。

如果遇到突发事件，

就在当下觉察一次吧！

核对感受

要核对自己的目标，为避免思考仅仅落在头脑层面，不妨以感受为核心，来回探索自己的内在。

以选择题核对感受：

有生气吗？有受伤吗？有委屈吗？有难过吗？

如果有生气，生气什么呢？

有生谁的气吗？有没有生自己的气？

生气时你会做什么？

这样的生气，以前有过吗？

对这个生气，你有什么看法？

当生气的时候，你有什么期待？

你这么生气，你怎么看自己呢？

任何情绪都可以，比如对于难过，也可以这样探索：

你在难过什么？

难过时你会做什么？

这样的难过，以前有过吗？

对这个难过，你有什么看法？

当难过的时候，你有什么期待？

你这么难过，你怎么看自己呢？

对于刚刚写下的事件，在积极述情、选定目标之后，不妨回来探索自己的内在。在感受层面停顿久一点，问自己上页的问题。

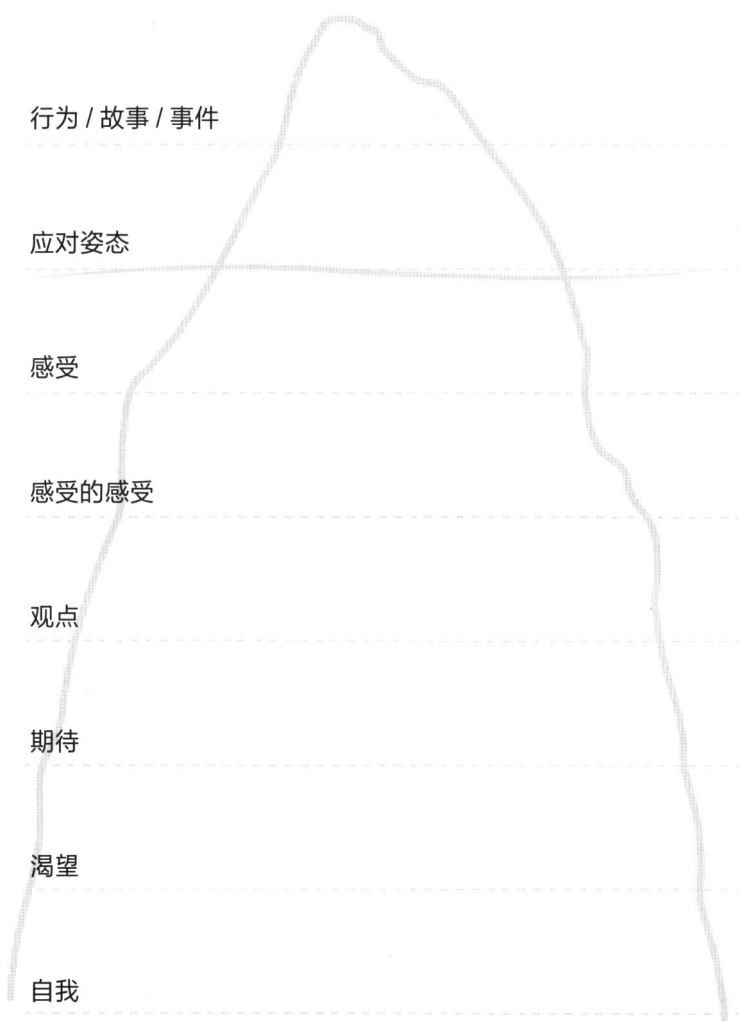

行为 / 故事 / 事件

应对姿态

感受

感受的感受

观点

期待

渴望

自我

请练习给自己爱，给自己多一点接纳，给自己多一点允许。

——李崇建 甘耀明《阅读深动力》

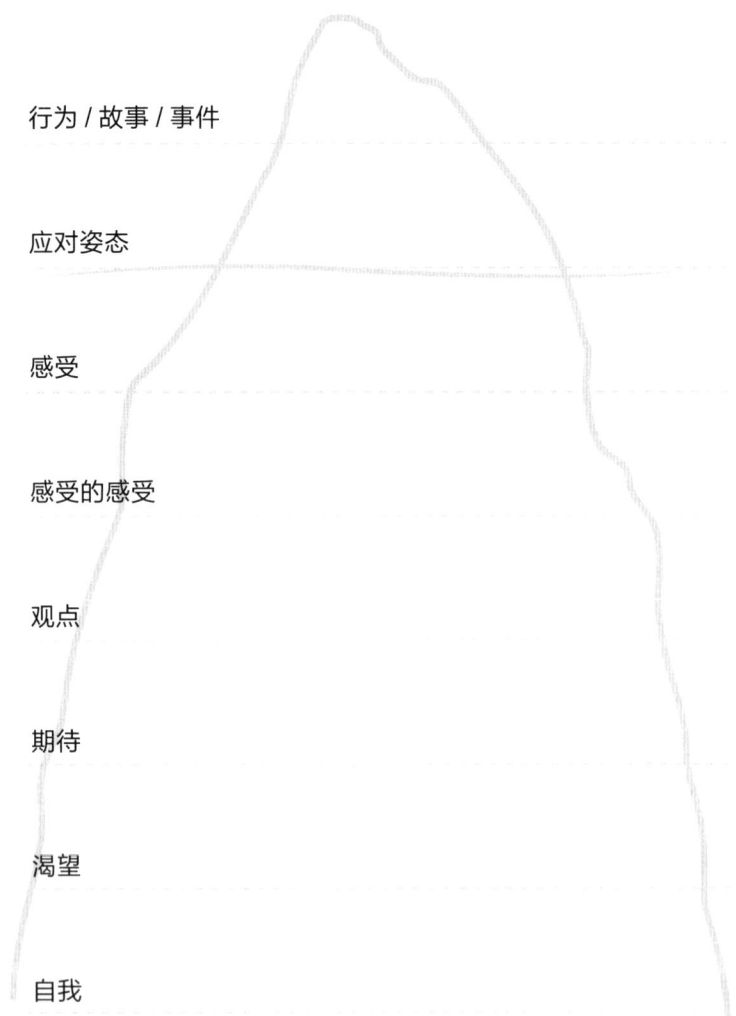

行为 / 故事 / 事件

应对姿态

感受

感受的感受

观点

期待

渴望

自我

探索资源

当遇到痛苦，是什么帮助你走过来？

当遇到挫折，是什么让你没放弃？

当遇到困难，是什么让你愿意往前？

成长的过程中，有什么是你的资源？

请回想过去的挫折，让自己沉静下来。列出自己成长至今的资源。

我大学联考考了四次，最后考上东海大学。

从这件事中，我可以看见自己的如下资源：

1. 我不想做苦力工作——我愿意给自己机会。

2. 爸爸很爱我——爸爸的爱给我力量。

3. 我虽然失败了，但是我并未放弃——不轻易放弃。

4. 我虽然怠惰，但是我仍有目标——我能坚持信念。

5. 我找到一个念书的方法——我有规划的能力，只是比较慢而已。

6. 考试的最后半年，我每天在家煮饭、扫地，这让我的身心变得纯净——我懂得如何安顿自己。

7. 我愿意给自己机会，因为我看了不少传记，伟人也失败多次——阅读丰富了我的见解。

8.当兵的两年，让我意志力更坚定，学会如何看待自己——我有学习与修正的能力。

9.我常常写日记，给自己鼓励与反省——我拥有沉淀自己的能力。

10.考试的最后半年，我拒绝和所有朋友见面——我有壮士断腕的决心。

请选择一件事，列出自己的十项资源。

妈妈当年离开家，我从中获得什么资源？

1. 我常感到孤单，但是学会了独立，我能独力完成任务。

2. 我感到孤单，但是会自己玩，拥有了审美的能力。我有艺术品位。

3. 内在敏感，让我有敏锐的观察力。

4. 妈妈离开家，爸爸撑起全家,让我有了典范,学会如何负责。

5. 我学会在家煮饭。

找一个痛苦的经验，写出自己从中获得了哪些资源。

缺憾与资源，是相生相依的。

当害怕出现的时候，我就会缩在一旁。害怕常让我感到困扰，但这个害怕提醒我，要懂得保护自己。

当我害怕的时候，我会让自己想别的。所以我拥有想象的能力，这让我成为一个设计师。

因为过去常被责骂，所以我学会了小心，不像我的同学那么莽撞。但是我也变得退缩，不敢尝试新的事物，或者不敢冒险……

我可以怎么整合我的资源，留下好的部分，去除负面的影响？

写出自己的缺憾，亦列出自己的资源。

探索渴望

渴望：用丰富的视角看世界。

爸爸骂过你，也爱过你吗？

爸爸有哪些优点呢？

你的记忆里有没有一幅具体的画面，能说明爸爸爱你？

爸爸的哪个身影，让你觉得自己爱他？

能在爱的事件里停留，体验一下那种感觉吗？

想象一个跟你有过冲突的人，或者你的父母。试着用多元丰富的视角看他们，回答上述问句，慢慢地感受与书写：

渴望：

今天的我会爱当年的自己吗？

会接纳当年的自己吗？

我看得见自己的价值吗？

我允许自己有选择的自由吗？

如果我愿意爱自己，我会怎么爱自己？

我会怎么拥抱当年的自己呢？

我曾经体验过爱吗？

列出一个十八岁以前的事件。比如，考试不理想，被责骂或失落，或者事情没做好，被责罚或忽略了。试着以述情的方式，叙述完一遍，再以上面列出的问题自问。

"你笑我和你们不一样，我却觉得你们都一样。"有时候不是自己愿意"特别"，却隐含着丰富的创造力，还有深刻的寓意。

——李崇建《给长耳兔的 36 封信》

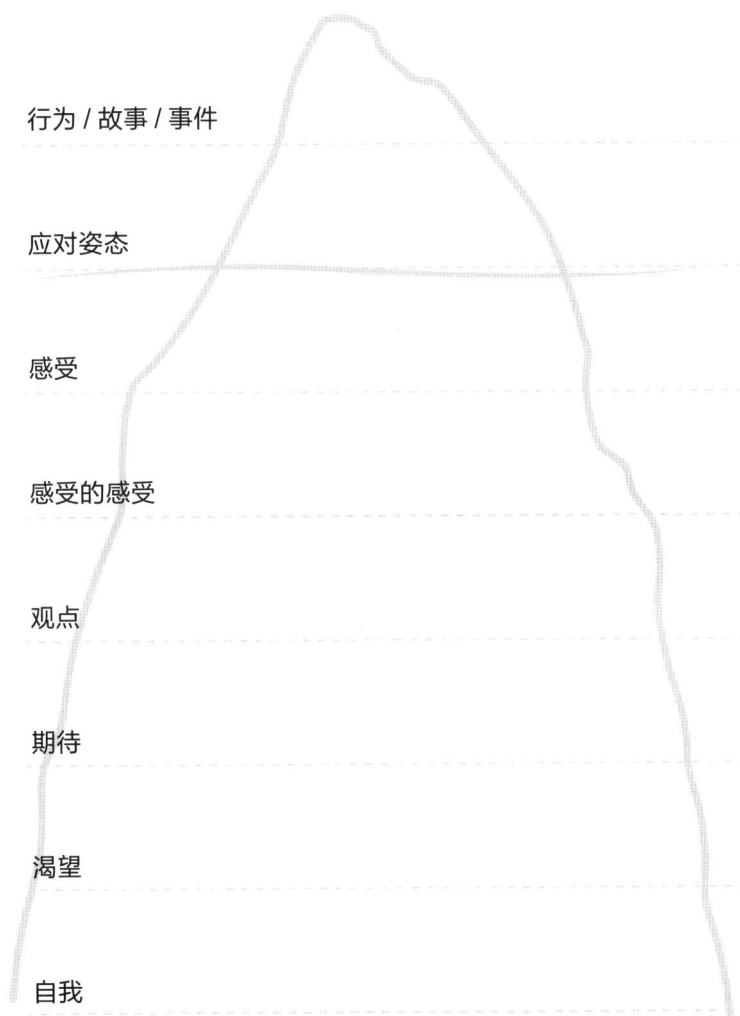

行为 / 故事 / 事件

应对姿态

感受

感受的感受

观点

期待

渴望

自我

我们是否可以说我爱你，虽然我不喜欢你做的某些事？这份爱并非存于表面，不是因为他们获得的成就。爱是彼此关系的基础。

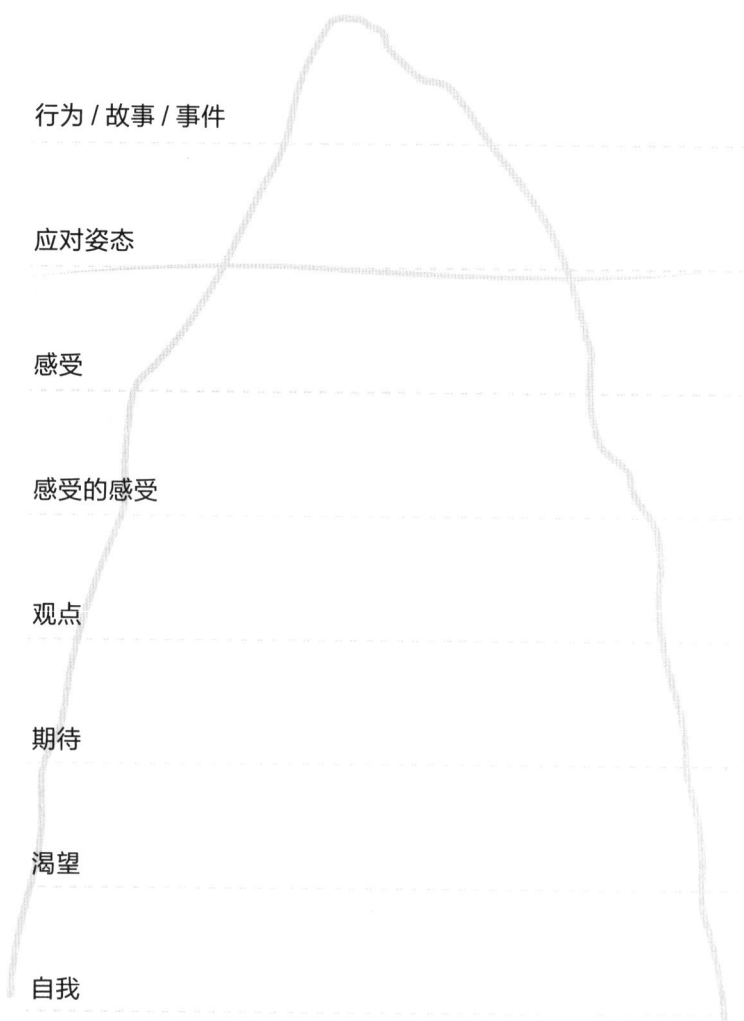

行为 / 故事 / 事件

应对姿态

感受

感受的感受

观点

期待

渴望

自我

记录今天小小的美，小小的努力。哪怕是背了一个单词，听了一句好棒的话，都记下来。

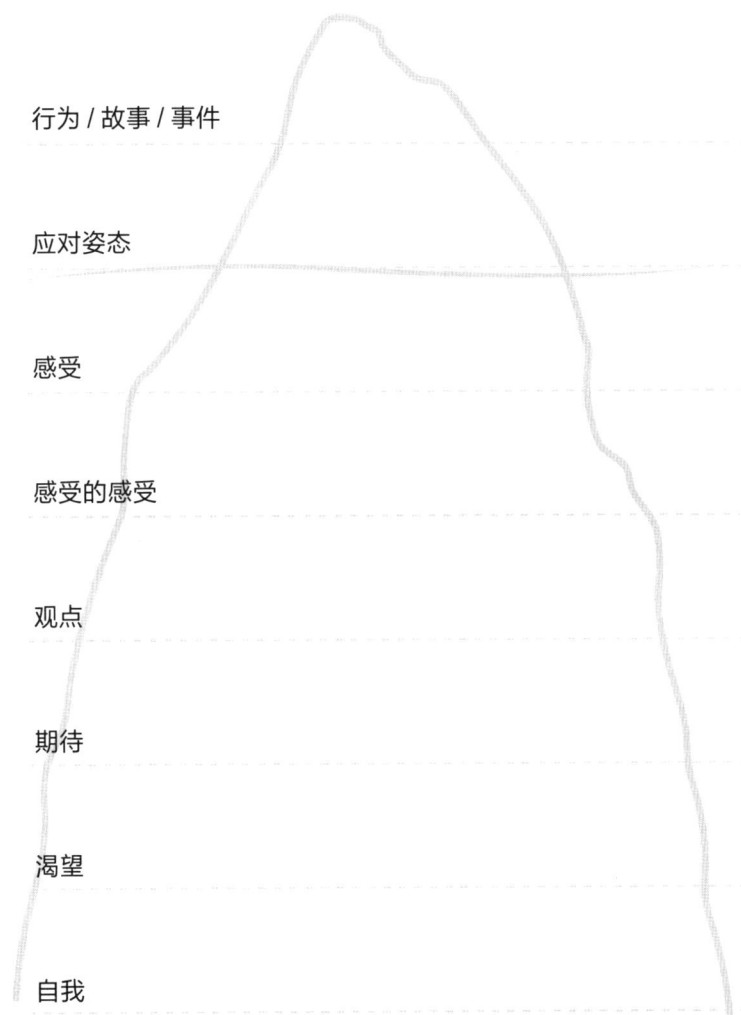

行为 / 故事 / 事件

应对姿态

感受

感受的感受

观点

期待

渴望

自我

学习运用冰山，通过积极述情的方式，写出一个事件。
再在冰山图上，写下各层次的探索，看看你发现了什么。

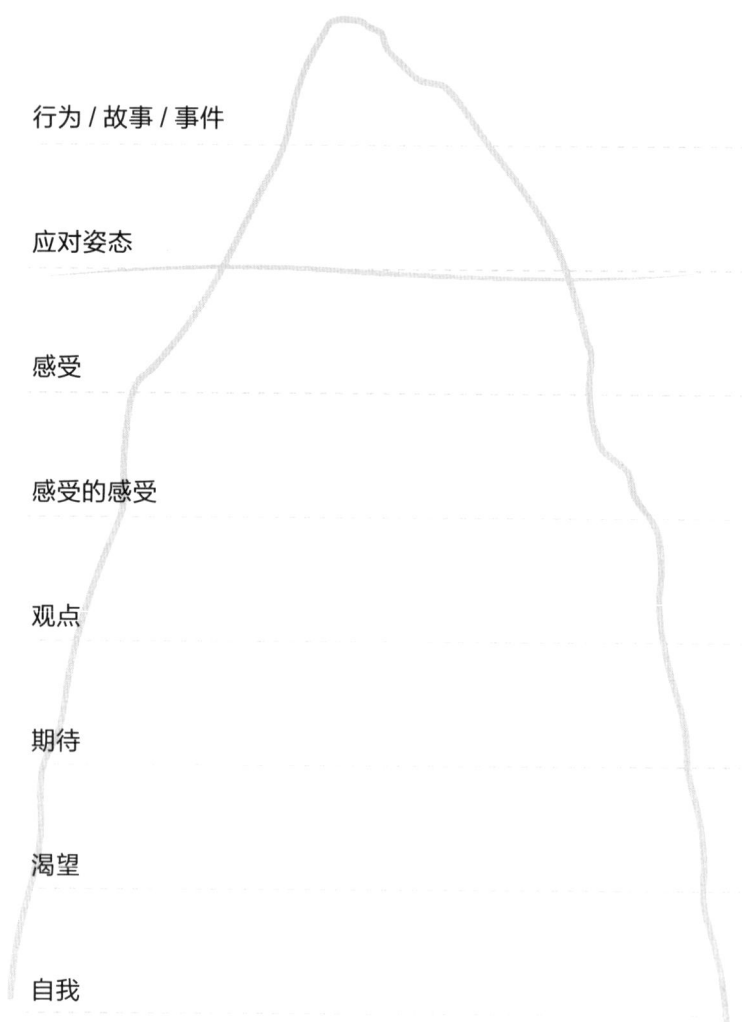

行为 / 故事 / 事件

应对姿态

感受

感受的感受

观点

期待

渴望

自我

你是一个宝藏，你是一个奇迹，请爱你自己，因为你是宇宙里的一份子。

——萨提亚

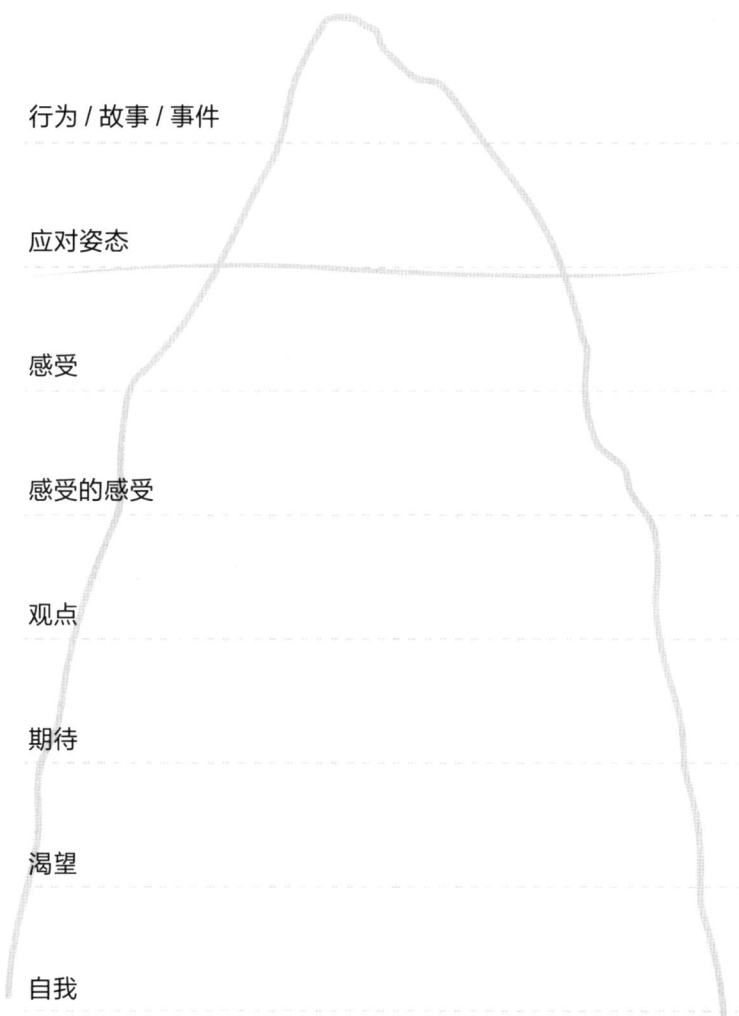

行为 / 故事 / 事件

应对姿态

感受

感受的感受

观点

期待

渴望

自我

这是我的孩子，我爱我的孩子。先有了这些爱，我们再去看孩子的表现。

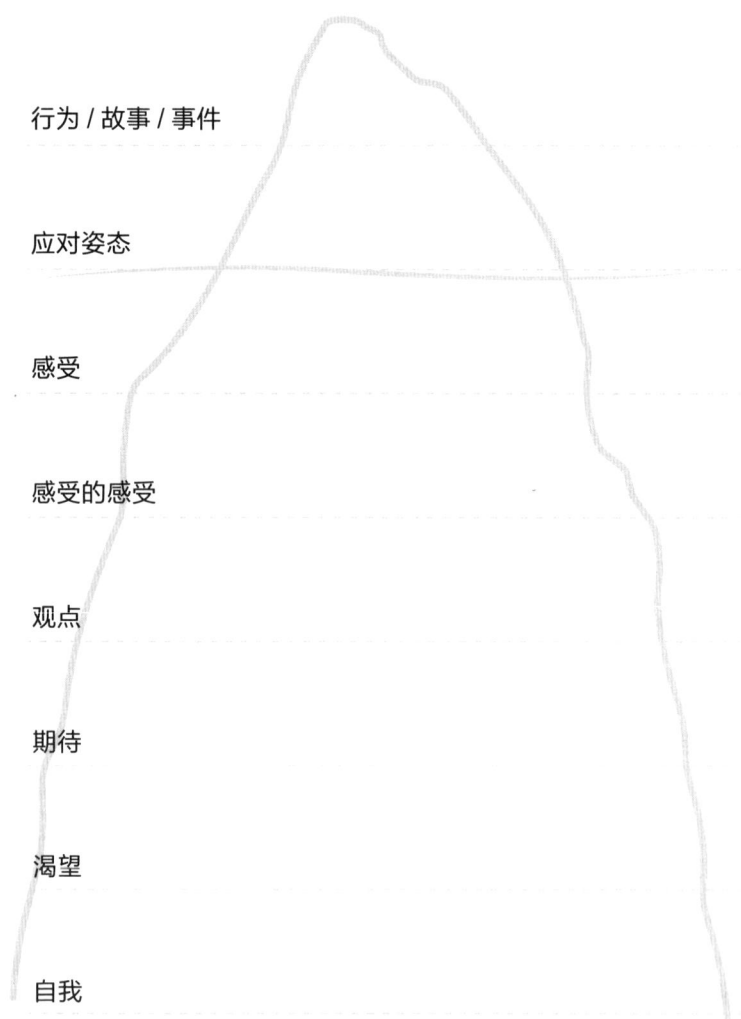

行为 / 故事 / 事件

应对姿态

感受

感受的感受

观点

期待

渴望

自我

今天你倾听别人了吗？

听懂对方的意思了吗？

能触碰对方的渴望吗？

今天你倾听自己了吗？

能用丰富的视角看自己吗？

能触碰到自己的渴望吗？

如果不能的话，
就花一点时间，
运用冰山让自己沉淀。

去欣赏你的家人，欣赏你的朋友。在他们并未做什么时说：我欣赏和感谢你，就是因为你的存在。

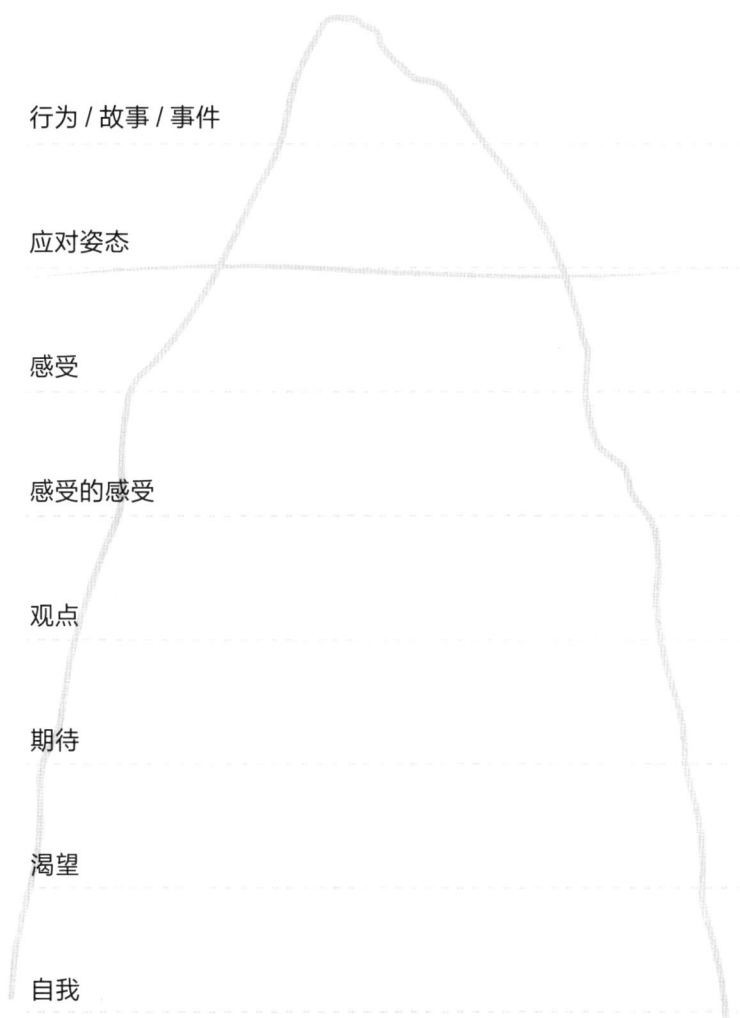

行为 / 故事 / 事件

应对姿态

感受

感受的感受

观点

期待

渴望

自我

暗示就是一种心灵的力量，当你沮丧、挫折的时候，请允许自己稍事休息，莫对自己进行负面解读，那将成为"负面的暗示"。

——《给长耳兔的 36 封信》

行为 / 故事 / 事件

应对姿态

感受

感受的感受

观点

期待

渴望

自我

我应允我自己带着爱，来发现自己和运用自己。

——萨提亚

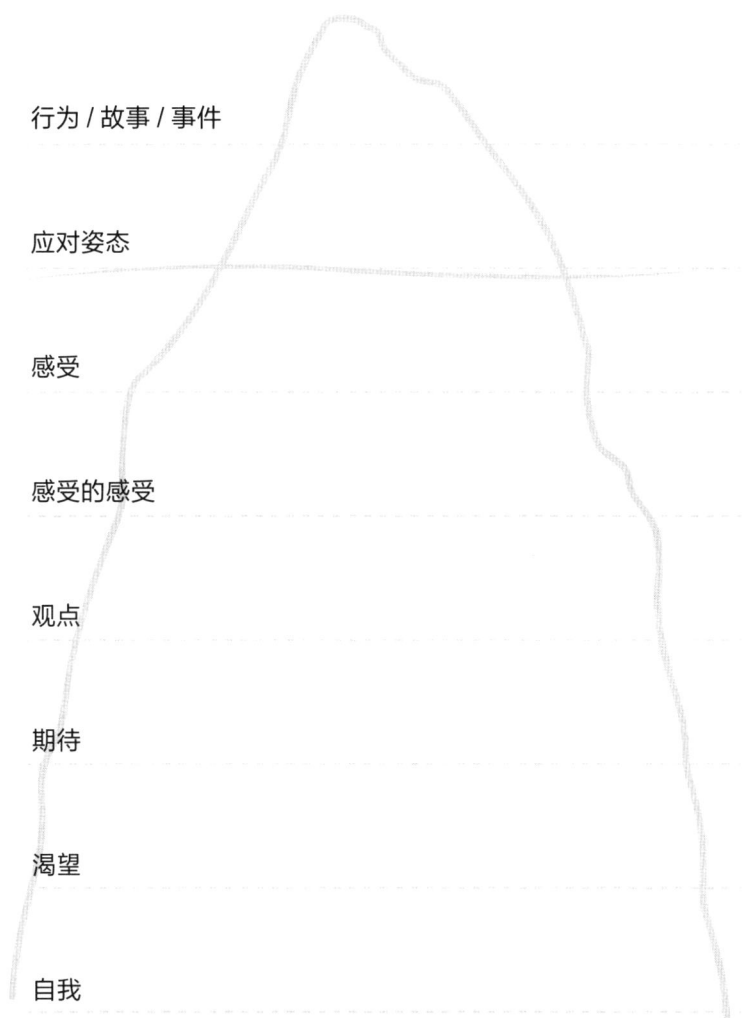

行为 / 故事 / 事件

应对姿态

感受

感受的感受

观点

期待

渴望

自我